广东省哲学社会科学规划项目"马克思主义个体学研究初探"

马克思主义视域中的个体自主性

罗 苹 ◎著

中国出版集团

广州·上海·西安·北京

图书在版编目（CIP）数据

马克思主义视域中的个体自主性 / 罗苹著.
--广州：世界图书出版广东有限公司, 2025.1重印
ISBN 978-7-5192-0414-3

Ⅰ. ①马… Ⅱ. ①罗… Ⅲ. ①个体-自主性-研究 Ⅳ. ①B021

中国版本图书馆 CIP 数据核字(2015)第 253652 号

马克思主义视域中的个体自主性

策划编辑	杨力军
责任编辑	钟加萍
封面设计	高艳秋
投稿邮箱	stxscb@163.com
出版发行	世界图书出版广东有限公司
地　　址	广州市新港西路大江冲25号
电　　话	020-84459702
印　　刷	悦读天下（山东）印务有限公司
规　　格	880mm × 1230mm　1/32
印　　张	5.25
字　　数	150 千
版　　次	2015 年 8 月第 1 版　　2025 年 1 月第 2 次印刷
ISBN	978-7-5192-0414-3/A·0011
定　　价	38.00 元

目 录

切入马克思唯物史观理论创新的价值"内核"

——"个体自主性"的理论视野及其启示

袁祖社

马克思主义哲学尤其是唯物史观理论诞生以后，围绕这一理论的革命性内核究竟是什么的问题，国内外学界历来充满争议。

任何一个理论的分析都要从具体的概念入手。个体概念是马克思进行理论探讨的起点，同时也是我们理解马克思学说的关键。马克思个体概念的发展和马克思思想一样，经历了一个从唯心主义到人本唯物主义，最后到历史唯物主义的演变过程。因此，只有通过廓清马克思个体概念的内涵并把握其发展逻辑，我们才能看到马克思对个体理论的伟大变革，才能感受到马克思学说一以贯之的人文关怀。

人是哲学的最高秘密。人的个性和个体的人的生存、生活与实践问题，更应成为全部哲学，尤其是倾情关注无产阶级和广大劳动人民命运之思想武器的马克思主义哲学的重要课题。

中国社会改革开放以来，市场经济发展的不断完善与深入，将个人、个体性问题历史性地提到了中国马克思主义哲学思考和研究的显要位置。一代中国学者坚持马克思主义的基本立场、观点和方法，从马克思、恩格斯的经典原著中挖掘其丰富、深刻的个体性理论。

20 世纪 80 年代，国内学术界关注个体主体性、自主性问题的学者并不多见。此一时期，被学界公认为在这方面研究做得最系统、最深入的，当属福建社会科学院的著名学者黄克剑先生。依照黄先生之见，把马克思的历史观看成是对社会历史的科学认识，原则上是完全正确的。但如果由此而忽略对这一历史观的价值取向，那就会动摇它的逻辑系统和价值系统浑然一体的完整性。"马克思公开声明自己的学说是为无产阶级的阶级使命服务的，是为一定阶级的利益服务的。问题是关于马克思价值理想的出发点是源于现实的无产阶级，还是超于对现实的活生生的个人的命运的关注。""毋庸置疑的是，马克思一生对当下世界的宗教、伦理、政治乃至物质的社会关系的批判，浸透着现实的阶级关切，但这种阶级关切归根结底起于一种终极的人文关切，——对'活动着的个人'的'独立性和个性'的关切。"[1]

罗苹女士的系统研究和深入思考，一方面是基于她本人独到的理论发现和探索的结果；另一方面，国内学者丰富的研究成果，无疑对她的研究起到了重要的启发、借鉴作用。而在综合各方面研究的基础上，有自己的研究立论、逻辑和不乏深入的论证以及真知灼见，是需要付出心血和努力的。作者基于对个体自主性逻

---

[1] 黄克剑：《"个人自主活动"与马克思历史观》，载《中国社会科学》1988 年第 5 期。

辑演进及其内涵的把握,系统、全面地分析了中国哲学、西方哲学以及当代哲学有关个体自主性的理论研究成果。在此基础上,从相互联系的几个方面,准确地呈现了马克思个体自主性理论及其对于西方思想史的革命性的彻底变革意义;紧接着,作者将分析、阐述的眼光转向 20 世纪 80 年代以来中国社会改革开放的现实,以思想史的视角,展现了个体自主性在中国改革开放时期的生成与发展;最后,作者以社会进步与个体自主性为逻辑归结,从"社会进步与个体自主性的辩证关系""从回归现实生活世界观到以人为本的价值取向""每个人的自由发展是一切人的自由发展的条件"三个方面,完成了对这一问题的思考。

确认个体自主性在整个哲学史中的重要地位,并以之为红线贯彻论著始终,是作者努力的核心目标。作者确立了自己完整呈现马克思个体自主性理论的内在逻辑。首先指出,个体自主性贯穿马克思思想的始终。其次,作者详尽分析了马克思个体自主性思想的特点,认为"自我"以个体为存在方式;个体又因为拥有自主性而确立了存在的意义。人越有个性,个体的自主性越强,就越有总体性和集体性。个体自主性是个体与总体、集体、共同体的辩证统一,是主体尺度与客体尺度的辩证统一。马克思告别了以往旧哲学中那种抽象的、空洞的、静止的人,把人当作活生生的、有生命的、历史的个人,并指出个人最终要得到全面自由的发展。马克思是从社会的角度,从整体的、总体的角度来探讨个体自主性的,个体自主性就是人的本质特性;个体自主性是在总体性的考察中凸显的;个体自主性是生成性思维的产物。第三,实践是个体自主性的救赎之径。马克思实现了理论与实践的统一。"理论的对立本身的解决,只有通过实践方式,只有借助于人的实践力量,才是可能的;因此,这种对立的解决绝对不只是认识的任务,而是现实生活的任务,而哲学未能解决这个任务,正是因为哲学把这仅仅看作理论的任务。"①与以往的一切旧哲学根本不同,马克思哲学把实践的观点作为首要的基本观点,创立了科学的实践观。而实践,正是人的个体自主性生成的前提和基础。马克思哲学理论的出发点是"现实的个人",这个"个人"不是"自我意识"里抽象、纯粹的个人,而是生活在现实世界里的活生生的人,是从事物质生产活动的人,并被所在的历史前提条件、生产力条件、社会发展水平制约的人。马克思把主体能动的、自主的、创造性的实践活动作为人的类本质。马克思在《关于费尔巴哈的提纲》中指明:"全部社会生活在本质上是实践的。凡是把理论引向神秘主义的神秘的东西,都能在人的实践中以及对这个实践的理解中得到合理的解决。"②最后,马克思是真正的人道主义者。作者指出,马克思哲学是一种生存论哲学,它指向的是人的存在方式的批判。和一切虚假的、抽象的人道主义者有着本质的不同,马克思才是真正的人道主义者。

纵览全书,一方面,作者在对马克思个体概念的思想渊源进行梳理的基础上,对个体概念在每个历史阶段上的内涵做出详细解读,完整地再现了马克思个体自主性的理论脉络。由强调自由是人的"类本质",到强调人的本质是感性活动与类本质的统一,再到作为历史前提的"现实的个人",最后在对资本主义现实进行批判和对未来社会进行建构的基础上,提出了"自由个性"的思想。自由个性代表着个人发展的最高阶段。另一方面,作者敏锐地

---

① 马克思:《1844年经济学哲学手稿》,北京:人民出版社,2000年版,第88页。
② 《马克思恩格斯选集》第1卷,北京:人民出版社,1995年版,第56页。

抓住了"马克思主义哲学与个体问题"这一马克思主义哲学史的重点主题,阐发了其对于马克思哲学革命变革的基础性意义。依照马克思主义经典作家的立场和情怀,理论研究一定要密切观照现实。马克思有言:以往的哲学只是解释世界,问题在于改变世界。"改变世界"是马克思新哲学的伟大宣言,也是这一哲学的价值内核和精神实质。

20世纪80年代,中国学界引进并介绍了当代美国"经典现代化"理论的代表人物阿历克斯·英格尔斯"人的现代化理论"。英格尔斯揭示了人的现代化在国家经济社会中的地位与作用、目标与价值、方法与载体、特征与原因。对发展中国家的人的现代化具有重要的参考价值。显然,从中国社会的现实着眼,从中国与变动世界的关系格局考量,中国依然航行在"社会现代化"的航道上。中国的现代化理论不能不关注和考虑作为社会现代化实践主体的个体自主性问题。研究马克思主义个体自主性理论,具有充足的现实根据和紧迫的实践意义。

罗苹是一位秀外慧中的南方才女,待人诚恳、正直、善良。多年的资深哲学编辑经历,使她养成了独到的学术识见。视野开阔,思想深刻、敏锐,个性鲜明且有深刻的人文关怀情愫,是她留给与之有接触的人的最直接的美好印象。与她交谈,常常会被其一句突如其来的论断"惊醒",恍然中惊觉世间竟有如此"纯粹之人"!她20世纪90年代在华南师范大学攻读哲学硕士学位期间,理论思考和关注的中心问题就是个性问题。近20年来,罗女士不改初心。在繁忙、紧张、枯燥的编辑工作之余,仍不忘学术,孜孜以求,潜心读书,用心思考,不断深化、完善和拓展马克思有关个体自主性问题的理论。现在有幸读到其多年认真探索的结晶,我内心深处为她高兴，同时敬佩之情也油然而生。

我与罗苹女士从认识到熟知，全因为学术研究的关系。2007年底，我在深圳参加由《中国社会科学》杂志社、深圳大学联合主办的"对话、融通与当代中国哲学的新开展：中哲、西哲、马哲专家论坛"。受大会主办方的安排，我非常荣幸地被确定为"三方对话"中全国马克思主义哲学的代表（西方哲学是著名学者、中国社会科学院的谢地坤教授；中国哲学是著名学者、武汉大学的郭齐勇教授，郭先生临时有事，由吴根友教授代为发言）。大会破例给予每位发言者半个小时发言时间，这是我自参加国内学术会议以来从未享有过的"殊荣"。我的参会论文后来发表在2009年英文版的《中国社会科学》上。会后，罗女士主动关心、询问我的研究情况，并希望我为她供职的学术刊物《学术研究》惠稿。从此就慢慢熟悉，并成为了一生中难得的好朋友。

值罗苹女士《马克思主义视域中的个体自主性》一书即将问世之际，遵其嘱，草成粗文，是为序，以为共勉。

2015 年 7 月 26 日
于古城西安陕西师范大学新校区"放心阁"

导　言

个体是相对于整体而言的，它可以是社会中的个人，也可以是较大整体中的较小群体(相对于人类的国家、民族而言)。从广义上来讲，自主性除了个人的自主性以外，还有国家、民族、企业的自主性。从国内外学者的研究来看，大多把自主性与个人联系在一起。我们认为，在马克思哲学视域中，"个体"与"个人"是有区别的，所以这里使用的是"个体自主性"这一概念。

一、个体自主性的历史省思

人的问题在哲学里是一个亘古常新的主题，谈人就要谈到人的主体性，谈人的主体性就要牵涉人的自主性问题。自主性作为自主意识的外化，是指主体在主客关系中所显示的支配性质，主体既是外部对象的主人，又是自己本身的主人。在主体性中，自主性是其举足轻重的一方面，没有自主性的人，也就不可能具有主体性的其他方面：能动性、选择性与创造性，也就确立不了主体的地位。在哲学史上，伴随着对人自身与外界对象的认识，自主性思想也随之萌芽、发展。

在西方社会，个体自主性不是以一个独立的范畴被哲学家所探究的，它总是与自由、民主、平等联系在一起，可以说，它是自由的基本要素。在西方哲学史里，它始终蕴含在自由理论中。自由天赋论主张自由是天赋的，每个人都享有天赋的公平，霍布斯、洛克、伏尔泰、康德等人是这种理论的代表。在这里，个体自主性就是人天生具有的，它建立在理性基础之上，指人独立于别人的强力意志，成为自己的主人。自然意志论主张人的意志不受自然、社会和神的束缚，代表人物有叔本华、尼采、柏格森等人。在这里，个体自主性是建立在非理性基础上的，它体现在生存意志、权力意志、生命永恒运动、绝对自由中。自由选择论主张自由就是选择的自由，代表人物是萨特等人。在这里，个体自主性就体现在人的不断自由选择、自我造就中。西方资产阶级追求独立自由的基本思想是每个人都应当成为自己的主人，每个人都能按照自己的意愿去做自己愿意做的事。这一思想不但体现在道德领域，还扩展到宗教领域、政治领域，直接影响到人们的价值取向、行为方式、生活方式。

西方主体性理论从古到今走的是一条"主体性主观化"的道路，把人的主体性归结为精神特性，因而引起了主体性的个体化、抽象化、矛盾化趋势，这样就使得自我与他人、个人与集体、个人与社会、人与自然陷入重重对立中。而马克思的"实践活动主体性"理论把人作为社会实践活动的主体，人通过社会实践活动来驾驭自己以及驾驭世界，这就是马克思追求的充分的、不受限制的"个人自主活动"。马克思这一理论是从根本上超越其他一切近现代哲学的主体性理论的，并一直作为我们的指导思想。我们的个体自主性是建立在理性基础上的；我们是肯定主体的，追求的是积极向上的主体性；我们不是走极端个人主义，社会主义的价值原则是集体主义，我们是在整体的普遍和谐中寻求个体自主性。"只有在共同体中，个人才能获得全面发展其才能的手段，也就是说，只有在共同体中才可能有个人自由。"①

西方传统文化"重个人轻整体"，从近代起，西方就建立起了以个体独立自主为核心内容的个体主义伦理思想。但在中国，2000多年的传统文化"重整体轻个人"，以封建宗法人伦为基础的文化崇尚的是家族主义的伦理思想，个体自主性是被压抑的。中国传统文化里不乏个体自主性思想的萌芽，封建社会里有过两次自主意识

---

① 《马克思恩格斯选集》第 1 卷，北京：人民出版社，1995 年版，第 119 页。

的觉醒，近代有过启蒙运动，但这些都如同过眼云烟，个体自主性始终羁绊于宗法人伦思想的循环而无法找到安身立命之所。迁延至新中国成立后很长一段时间里，个体自主性都是缺失的。个人湮没在集体与政治口号中，个人寻求自主性成为了一种奢望。直到改革开放新时期，个体自主性在我国才得以生成和发展。

二、个体自主性的当代理解

人是马克思主义的出发点，也是马克思主义的落脚点。马克思认为，人是人的最高本质，人的根本就是人本身，人始终是主体。相对于人，自然界有在时间上的优先性。但是，人才是主体，是人在改造自然界、创造历史，人是自在自为的，具有能动性、自主性和创造性。所以，人相对于自然界来说，又具有历史上和逻辑上的优先性。人是历史的主体。正如马克思在《哲学的贫困》中批判普鲁东时所说的，"整个历史也无非是人类本性的不断改变而已"。[①]

马克思哲学视域里的人是现实的、有生命的、历史的个人，是完整的个人，是全面发展的个人。在《德意志意识形态》中，马克思、恩格斯认为人的发展是全面的发展，提出了"个人的全面发展""全面发展的个人""个人独创的和自由的发展"等概念，并主张"个人向完整的个人的发展"。这里的"个人向完整的个人的发展"，实际上就是人的个体自主性的实现。个体自主性的实现是马克思哲学的使命，是人发展自己、解放自己的必由之路。

在《1844年经济学哲学手稿》中，马克思批判了黑格尔把"人"等于"自我意识"的观点。马克思指出："人的本质，人，在黑格尔看

---

① 《马克思恩格斯选集》第1卷，北京：人民出版社，1995年版，第172页。

来＝自我意识。因此，人的本质的全部异化不过是自我意识的异化。""自我意识通过自己的外化所能设定的只是物性，即只是抽象物、抽象的物，而不是现实的物。"而物性对自我意识来说，"不是什么独立的、实质的东西，而只是纯粹的创造物，是自我意识所设定的东西，这个设定的东西并不证实自己"。①自我意识的设定并不能证实自己本真的存在，更不能得到自主性的生成，不能实现人的自由与解放。马克思要清除旧哲学里那些只讲实体、主体、自我意识和纯批判的无稽之谈，他认为只在概念、思想层面谈论的解放是虚幻、虚假的解放，只有在现实的世界中并使用现实的手段才能实现真正的解放。马克思为新哲学提出的使命就是：把人从"抽象"的、"物"的、"资本"的颠倒统治中解放出来，把人从异化的状态中解放出来。在资本社会里"死劳动"（物）支配"活劳动"（人），资本本质上就是一种"颠倒"的社会关系，物、商品、资本支配了人，人无法获得自主性和创造性。异化劳动，也就是在资本社会里的劳动，把自主活动、自由活动贬低为手段，人把自己的生命活动、自己的本质变成维持自己生存的手段，人也就变成了工具而无法达到目的。同时，通过批判和吸收费尔巴哈的思想，马克思哲学实现了从"神本主义"向"人本主义"的根本转变，并将"人本主义"的价值原则贯彻到现实生活之中，去批判异化的资本社会，寻求人类解放之路。虽然在不同的历史阶段，面对不同的对象，马克思哲学批判的方法与手段会不一样，但是，个体自主性是贯穿马克思思想始终的、坚定不移的价值旨归和终极目的。马克思哲学体现的是现实性、科学性和革命性的统一。

在《论犹太人问题》中，马克思提出："任何解放都是使人的世

---

① 马克思：《1844年经济学哲学手稿》，北京：人民出版社，2000年版，第102—103、104页。

界即各种关系回归于人自身。"①革命和解放的目的是恢复人的本真,回归人自身,使人得到自由和全面的发展。马克思把共产主义解读为人向人的本性的复归。在《共产党宣言》中,马克思、恩格斯说:"代替那存在着阶级和阶级对立的资产阶级旧社会的,将是这样一个联合体,在那里,每个人的自由发展是一切人的自由发展的条件。"这种人的本性的复归就是个体自主性的最终实现:"共产主义所造成的存在状况,正是这样一种现实基础,它使一切不依赖于个人而存在的状况不可能发生,因为这种存在状况只不过是各个人之间迄今为止的交往的产物。"②只有到了共产主义社会,个体自主性才能真正实现,人才能获得全面的发展。全面发展的个人应该是独立自主、自由自觉和创造性充分发挥的个人。共产主义社会形态是自主经济形态,个人的自主活动将与"个人向完整的个人的发展"相一致,每个人的自由发展是一切人的自由发展的条件。

改革开放以来,我国个体自主性思想是随着主体性问题的不断升温凸显出来的。西方两股思潮的冲击影响到我国主体性问题的研究:一是非理性为内核的主体性思潮,二是以西方马克思主义为旗帜的主体性思潮。但是,更重要的理论来源还是出自马克思主义的人学思想。我国哲学研究者扎根马克思主义领地,努力挖掘其中关于人、关于人的发展方面的理论,从而为我国个体自主性的生成与发展打下坚实的理论基础。

当前哲学界认为主体性具体表现为人的自主性、自为性、选择性和创造性。在谈自主性问题时,通常会牵涉主体意识和自主意识。主体意识包括几方面的含义:物我相分和自我本身的主宾相分

---

① 《马克思恩格斯文集》第1卷,北京:人民出版社,2009年版,第46页。
② 《马克思恩格斯选集》第1卷,北京:人民出版社,1995年版,第294、122页。

的意识、自主意识、权利意识、责任意识、个性意识。自主意识表现为三种形式:任性自由意识、信仰意识、真实的自由意识。任性自由意识是人的一种较低级的自主意识,它指人不顾客观条件只从自己的主观愿望出发去思考与行动,常使人成为自我中心主义者。尤其在儿童和原始人类那里表现突出,一旦发展到极端就会转化为奴隶意识。人的信仰意识,是一种萌芽或形式的自主意识,它容易表现为固执与偏执,使人有坚定的信念和独立性。真实的自由意识首先表现为自信意识、怀疑和批判意识,使人知道自己应当做主人,进而在实践中做主人,也就是在现实的自由活动即劳动中,主体才能感受到自己是真实的自在自为存在着的主体。自主意识的外化就是自主性。

在我国改革开放时期,社会主义市场经济的建立为个体自主性的生成提供了契机。"主体性意识、个体性意识、功利性意识三者共同构成了市场经济存在的观念条件"。① 这具体表现在:平权型的经济秩序肯定了个体自主性;以自由竞争为机制的经济形式强化了个体自主性;满足个体利益的权利系统激发了个体自主性;注重责任与秩序的价值体系保障了个体自主性;开放的经济系统扩大了个体自主性。另一方面,个体自主性的生成与发展又反作用于社会主义市场经济,它改变着人们的思维方式、价值取向与行为方式,是衡量社会进步的尺度。毋庸讳言,一个社会没有发挥个体自主性,就不能说明它从农业文明过渡到工业文明,从人治转变为法治,从传统迈进了现代。缺乏自主性的个人不可能从依附走向独立,从封闭走向开放,从盲从走向进取,从自满走向创新。现代化要有现代人,现代人要有现代性,现代性呼唤着自主性。个体自主性

---

① 王南湜:《社会哲学》,昆明:云南人民出版社,2002年版,第271页。

在我国的生成和发展是时代的呼唤、时代的产物。

　　改革开放以来,我国哲学界关于人、关于人的主体性问题的论述层出不穷,而且不乏将其与社会实际相结合来研究。但是,关于个体自主性问题却没有单独被论及,只是散见于有关人的主体性、个性、人权方面的文章和著作中。本书将从"个体"的角度研究自主性,把个体自主性作为一个历史范畴,追踪哲学史上中西方个体自主性思想的历程,同时立足于现实,把握个体自主性发展的脉搏,憧憬未来社会人的全面自由的发展。

第一章
中西方个体自主性的
逻辑演进及其内涵

　　人是万物之灵,他渴望认识世界,驾驭世界,也渴望认识自己,主宰自己。人的问题是贯穿整个哲学史的永恒话题;是一个最普遍、最深刻的哲学问题;"认识自我"成为哲学探究的首要关怀和最高目标。在哲学史上,伴随着人们对自身与外界对象的认识,个体自主性思想也随之萌芽、发展。

一、西方哲学史上个体自主性思想的历史演进

　　西方哲学的童年——古希腊罗马时期,哲学家们主要研究本体论,其视角还没有转向认识论,还未充分认识人有独立自主性以及人在本质上是自由的。但是,在古希腊哲学中已经有了强调主体的倾向,有了"主体"与"自我"思想的萌芽。3000年前镌刻在古希腊德尔斐神庙上的箴言就是"认识自我"。古希腊神话故事中的斯芬克斯之谜和俄狄浦斯效应,拉开了自我探索的序幕。古希腊哲学的自主意识开始于普罗泰戈拉,他提的"人是万物的尺度,是存在的事物存在的尺度,也是不存在事物不存在的尺度"这一著名口号,[①]把人抬到一个很高的地位。个人是衡量万物的尺度,因人而异对万物做出的规定也就是千差万别的了。古希腊罗马哲学是从两条路线去追求个体的自主意识的。

　　一条路线是苏格拉底、柏拉图的理性主义。苏格拉底把人的本质理解为一个独立的精神,一个自主自立自由的理性。人的理性具有自身的规定性,他强调的善也就是人按照自己的理性规定的原则行事。面对死刑,他将自己的这一思想贯彻得淋漓尽致,情愿自

---

① 北京大学哲学系、外国哲学史教研室编译:《古希腊罗马哲学》,北京:商务印书馆,1957年版,第138页。

由地选择死,也不愿违背意愿求得生。在哲学史上,这一壮举成了个体追求自主性的千古绝唱。柏拉图继承了苏格拉底的学说。他曾经说:"人的灵魂里面有一个较好的部分和一个较坏的部分,而所谓'自己的主人'就是说较坏的部分受天性较好的部分控制。这无疑是一句称赞之词。当一个人由于坏的教养或者和坏人交往而使其较好的同时也是较小的那个部分受到较坏的同时也是较大的那个部分统治时,他便要受到谴责而被称为自己的奴隶和没有节制的人了。"① 柏拉图认为要做"自己的主人"就是要达到一种灵魂的独立自主。亚里士多德认为,能够不受外界因素的支配并超越自身功利需要的控制就能获得个体自主性。在他那里,自主性的主体是多元的,有城邦、国家和个人。他主要是从道德哲学和政治哲学的领域来阐述自主性。亚里士多德认为,人不是孤立的个体,"人类在本性上,也正是一个政治动物",② 所谓政治的动物就是社会的动物,如果个人被隔离开社会,他就不再是自足的,就像部分之于整体一样。个人追求的目的是幸福,完全自足的城邦是至善的社会团体。自足的城邦就是人与人互相协作、互相配合的完美体现。城邦是若干家庭和部族为了分享一种好的生活,即自给自足的、完美无缺的生活而构成的。③ 个人的追求与城邦的目的是一致的。所以,亚里士多德认为,伦理学探讨个人的善,政治学则需要寻求城邦之善。另一条路线是伊壁鸠鲁、卢克莱修的原子主义论。原子论强调作为原子是独立的、永恒的、自主的实体,从而解释人具有独立性、自主性,人有自由意志,按照自己的行为准则生活。

西方中世纪哲学占统治地位的是基督教神学。基督教的基本

① 〔古希腊〕柏拉图:《理想国》,郭斌和等译,北京:商务印书馆,1986年版,第150页。
② 〔古希腊〕亚里士多德:《政治学》,吴寿彭译,北京:商务印书馆,1965年版,第7页。
③ 〔古希腊〕亚里士多德:《政治学》,吴寿彭译,北京:商务印书馆,1965年版,第140页。

教义就是否认人的自由，用上帝的神权、神性来禁锢和压抑人权、人性。人将自己的命运寄托于客体性的上帝，在上帝面前人们只能俯首甘为奴隶，使人在本质上失去了自主性。当时，伴随着基督教而发展起来的是同正统基督教教义相异的思想——"异端"。这个词的希腊文原意是"选择"，它奉行的思想原则是一个人要依靠自己的理智和判断力选择自己自由、自主的思想和行动。到了近代，西方发生了一系列社会政治事件，经历了商业革命、文艺复兴、宗教改革、启蒙运动、资产阶级革命等，在思想领域内个体的独立自主和整体的普遍和谐及其关系问题成为了近代西方社会的时代课题。

　　文艺复兴时期的人文主义者是直接反对基督教神学与封建专制主义的。他们用人权反对神权，追求人的独立地位，第一次把欧洲古代哲学的基本精神转移到以人为中心上来，反映在他们的口号上就是："我是人，凡是人的一切特性，我无不具有。"他们用理性主义反对蒙昧主义，相信人的智慧和能力能支配和改造世界，解放自己，获得幸福。微末斯指出，人"确有那么一个充满了智慧、精明、知识和理性的心灵，它足智多谋，单靠自己便创造出来许多了不起的东西"。蒙台涅说："盲目追随别人的人，追随不了什么，他得不到什么。"①启蒙运动是文艺复兴运动的进一步发展，主张在自由、平等的前提下追求个体独立自主为核心内容的个人主义，以个体为本位，突出个体的独立性、自主性和能动性，同时使独立自主的个体与社会整体能够普遍和谐，从而达到一种合理的利己。"启蒙蕴含着将个人从狭隘的单一主义（排他主义）解放出来，不再局限于

① 北京大学西语系资料组编：《从文艺复兴到十九世纪资产阶级及文学家艺术家有关人道主义人性论言论选辑》，北京：商务印书馆，1973年版，第68、52页。

特定的民族和文化——不再作为'德国人',而作为人,与其他人一起,追求人类共同的普遍价值,诸如正义、自由等。"①可见,启蒙主义追寻的是主体的普遍性原则。之前的启蒙思想家只从政治哲学上对主体性原则做了解释,真正从形而上学的角度去论证的是以笛卡尔、斯宾诺莎、莱布尼茨等为代表的哲学家,他们高扬了人的主体性,确立了主体性形而上学体系。笛卡尔提出的"我思故我在"这一著名命题,乃是主体性形而上学得以确立的标志。笛卡尔说:"那么我究竟是什么呢?是一个在思维的东西。什么是一个在思维的东西呢?那就是说,一个在怀疑,在领会,在肯定,在否定,在愿意,在不愿意,也在想象,在感觉的东西。"②笛卡尔通过普遍怀疑的原则,确立了主体的存在,对自我做了肯定,把思维作为"我"有意识的直接活动,突出了自我意识的地位。

主体性形而上学意味着人的主体意识的觉醒,人把自己作为主体置于整个世界的中心。莱布尼兹哲学的核心是"单子论"。单子具有客观实在性、不可分性和能动性。在单子论的基础上,莱布尼兹提出了著名的"前定和谐"学说。借助这一理论,莱布尼兹解决了个体与整体、有限与无限的关系,正是由于全能的上帝从一开始创造实体单子时,就赋予单子以自发性、能动性和自觉的本性,从而使它们能够和谐地发展,每个单子就是一面以各自方式反映宇宙的镜子。"从本体论上论证了个体的独立、自主的地位,使个体事物成为真正的实体,成为既具有实体性又不可分的'形而上学的点',从而确立了个体独立自主的形而上学原理"。③这样,从近代以来,

---

① 杜丽燕、尚新建:《回归自我:20世纪西方人道主义与反人道主义》,北京:华夏出版社,2008年版,第316页。
② 〔法〕笛卡尔:《第一哲学沉思集》,庞景仁译,北京:商务印书馆,1986年版,第27页。
③ 江畅:《自主与和谐——莱布尼茨形而上学研究》,武汉:武汉大学出版社,1995年版,第29页。

西方个人主义开始占上风,并逐渐成为西方人普遍奉行的准则。

近代人学发展到康德哲学时有了"哥白尼式革命"的转变。正如张世英先生所说,康德是"第一个着重从理论上说明独立自主性或者说主体性"的人。① 自由观成了康德哲学的拱心石,他继承的是理性主义自由观,追求的是实践理性的自由自主性。康德自由观的落脚点在于意志自由,人作为理性的存在,是意志自由和意志自律的。人的独立自主只能从先验的理性中引申出来,在实现人的理性固有的道德价值中,人也就形成了他独立自主的人格。康德对他先验的道德法则做了三条规定:"普遍的立法原理""人是目的""意志自律"。每个人在本性上都是自由的,人为自然立法,尊重人的价值、人的尊严,把每个人都看作目的而不是手段,也不能把别人看作实现自己目的的手段;人的意志如果不遵循道德法则,而受外在因素如利益、欲望、幸福的制约,就是"意志他律",摆脱感性世界而依理性世界法则决定自己的意志,使它变成自觉的行动,就是"意志自律",即"意志自由"。但是康德又预设了此岸和彼岸世界,他所说的自由意志只有在彼岸世界里才有可能实现。康德以后的整个德国古典哲学都是以克服康德的二元论为目的。

黑格尔就是在批判改造康德等人哲学的基础上建立了西方哲学史上最宏大的理性主义体系,个体自主性思想也由此受到了理性主义的冲击,德国古典哲学逐渐走向终结。黑格尔是在唯心主义的基础上,统一了主体与客体、思维与存在的。黑格尔认为客体、存在是思维、意识的产物,人的根本在于"自我意识",人的精神性才是人的本质。费尔巴哈批判了黑格尔理性的人的思想,确立了人是"感性的对象"的原则,认为感性是认识的起点,是理性的基础,只

① 张世英等:《康德的〈纯粹理性批判〉》,北京:北京大学出版社,1987年版,第16页。

有感性才能通达理性，从而创立了唯物主义的人本学体系。

张世英先生曾分析说，从中世纪到现代，人权的发展大体经历了三个阶段："一，人的个体性和自由本质受神权的压制，文艺复兴把人权从神权的束缚下解放出来；二，人的个体性和自由本质被放在超感性的、抽象的本体世界之中，从而受到旧形而上学的压制；三，黑格尔以后的现代哲学，人的个体性和自由本质才逐渐从彼岸世界和超验的抽象世界中解放出来，被放在现实的具体的世界之中，人才逐渐成了活生生的人。"① 黑格尔之后，正是马克思、恩格斯开创了人学理论的新纪元。马克思从一开始就重视"人"的研究，"人是人的最高本质"，"人的根本就是人本身"。② 马克思发现了真正"现实的个人"，人不是单个的存在物，而是社会的存在，即类存在，人的类特性是自由自觉的活动。"人始终是主体"，③ 是在社会关系中从事实践活动的能动主体，人成了活生生的人。只有到了共产主义，人才能真正地成为独立、自由的人。正像恩格斯所描绘的："人终于成为自己的社会结合的主人，从而也就成为自然界的主人，成为自身的主人——自由的人。"④

如前所述，在西方社会里，主体性和理性主义是贯穿于启蒙运动之中的两大主题。正是借助这两个主题，近代以来，人们对人的力量充满自信，对人的未来充满乐观，实现了从上帝中心论向人类中心论的范式转换。20世纪以来，人们越来越发觉，物质文明在继续往前发展，但人类社会并没有摆脱诸多危机，经济危机、能源危机、生态危机、人口膨胀、战火连绵等问题一直危害着国际政局的

---

① 方克立、王其水主编：《二十世纪中国哲学》第2卷·人物志上册，北京：华夏出版社，1994年版，第657页。

② 《马克思恩格斯选集》第1卷，北京：人民出版社，1995年，第9页。

③ 马克思：《1844年经济学哲学手稿》，北京：人民出版社，2000年版，第91页。

④ 《马克思恩格斯选集》第3卷，北京：人民出版社，1995年版，第760页。

稳定。西方发达国家亦同样受经济衰退、家庭解体、道德衰落、罪犯猖獗等问题困扰，而这种状况还在持续，似乎没有尽头。

在哲学领域，很多思想家对现实展开另一轮的反思和批判。他们面对现代性的危机，反思了启蒙以来的社会发展道路，开始反思启蒙的范式，最终使后现代性蔚为大观。可以说，20世纪的西方思想界是在对现代性抱着不满情绪下展开的。其中，最有震撼力的口号有两句：一句是尼采在19世纪末喊出的"上帝死了"，另一句是米歇尔·福柯在20世纪中期喊出的"人死了"。两句口号中都有一个"死"字，在某种意义上透出了现代人的绝望和无奈。显然，后现代倾向杀伤力非常之大，直接冲击了启蒙的两大主题，总体上就是对抗或者消解人类中心主义的这一现代性模式。

现代启蒙的光源正是人这个主体，对其颠覆和消解正是对人类中心主义的反叛。如果说对启蒙理性的批判是启蒙辩证法遭遇到的第一次打击，那么对主体性批判则是对人类中心主义更为直接的颠覆。从尼采开始，后现代社会开始形成，反主体的哲学同时逐步展开，并以反抗形而上学为导向。在法国，自利奥塔在《后现代状况》一书中突出"后现代"问题后，主体哲学与反主体哲学之争为众多思想家普遍表述为现代性和后现代性冲突的一个重要层面。那么现代性是什么呢？福柯非常直接地回答：现代性就是以人类中心主义为本体论的人本主义，而主体是我们思想中的一个累赘。法国结构主义哲学也有其所谓的"哥白尼式革命"，其完成就是它们对主体哲学之人类中心主义的反抗和颠覆，其具体的表达就是最终通过福柯之口宣布了人/主体的"死亡"，取而代之就是转向强调个性多元，走进反本质主义与无中心主义的后现代状态；走进后现代本身就意味着颠覆人类中心主义，或者说颠覆人类中心主义的哲学基础即主体性哲学。

福柯借助知识考古学认为，"知识型"决定了知识、社会和人，那种抽象的、纯粹的、超越于具体条件之上的"理性人"或主体乃是启蒙运动整个现代性的产物，是通过康德的哲学人类学所最终确立的；正是对表象本身予以表象的认识型转换，使人成为各种表象的聚焦，因此作为一个存在的基础而被建构起来，进而成为一个独立自存的认知主体和哲学人类学的优先客体。然而，认识型的断裂与转换必然发生，这意味着，以理性为其本质的人必将死亡。正是通过这一方式，福柯取消了人的实在性。

海德格尔对人道主义的界定和分析已经成为当代划分人类中心主义（人道主义）和非人类中心主义（非人道主义）的基本标准。在《关于人道主义的书信》中，海德格尔对人道主义做了这样的论断："历史地来了解的人道主义总包括对人性或人道的研究，而这样的研究又以一定的方式回溯到古代于是又总是变成希腊的复兴"，其共同之处在于"人道的人的人性或人道，总是从一种已经确定了的对自然、对历史、对世界、对世界根据，也就是说对存在者整体的讲法的角度来规定的"；至于人道主义之林林总总，则是因为"人道主义就随人们对'自由'与人的'自然本性'的看法之不同而不同"。①

德里达则以通过消解一切中心的策略来消解人类中心主义。德里达认为，西方哲学都一直寻求某个中心，如本质、实体、意识、上帝、终极目的、生命本源、主体等，而西方哲学和形而上学的历史，"就必须被认为是一系列中心对中心的置换，仿佛是一条由逐次确定的中心串联而成的链锁。中心依次有规律地取得不同的形式和称谓"。②即使是尼采、弗洛伊德和海德格尔，他们虽然对形而

---

① 〔德〕马丁·海德格尔：《关于人道主义的书信》，载《海德格尔选集》，孙周兴选编，上海：上海三联出版社，1996年版，第365—366页。
② 〔法〕德里达：《人文科学语言中的结构、符号及游戏》，载《最新西方文论选》，桂林：漓江出版社，1991年版，第134页。

上学进行了摧毁,但仍然没有摆脱形而上学,因为"意志""本能""存在"这些他们所使用或挪用的概念,都是中心化的产物,仍被确立为人的或世界的本质。比如说,列维－斯特劳斯试图在理论中排除主体性和历史性,但在德里达看来,列维－斯特劳斯用以取代主体的"结构",却是一个自足的整体性,以目的论或等级制控制结构中各成分而形成的,有其目的和等级,根源于对永恒意义和恒定结构的形而上学承诺,从而赋予我们的经验以意义和联系。德里达是决不能允许这种先验的、终极的因而占支配地位的所指系统存在的,因此,他给列维－斯特劳斯扣上"重构人道主义"的帽子。德里达的手法是,通过对中心的否定,也就消除了本质与现象、价值与事实、主体与客体、真理与谬误等的二元对立,将一切置于相对之中。

总之,西方后现代主义总是在力图解构"主体"的概念。后现代主义在解构性的思维框架中,用多元主义、主观主义、非理性主义和相对主义取代本质主义、客观主义、理性主义和实体主义。知识的差异性、异质性、多元性、解构性、不确定性取代了系统性、结构性、统一性、整体性,文化走向了相对主义。从尼采就提出了"上帝死了",到福柯提出"人死了",后来又有法国的拉康提出"消逝的主体"的论断。尼采认为,人和人类是无可救药的,人性是恶的,任何救赎行为都是无效的,上帝是无能的,取代上帝的是超人,超人是权力意志的化身。福柯认为,上帝之死和人之消失没有差别。在拉康眼里,主体是"否定"的、去中心化的和无意识的存在。可见,后现代主义在逐步地消解人的本质、消除人的概念。后现代主义者很大程度是为了解构西方从康德开始建立的人类中心主义的知识形态和观念形态,批判主体性崇拜与本质主义崇拜。他们认为,正是对人的主体性的过度强调否定了人作为一种复杂多元化的个性存在。但是,他们最终却没能建构起一套积极有效的方法,使人类通向解放,回归本真的自我。马克思主义哲学在后现代社会里并没有失语,相反,它却显示出极强的生命力。不管是针对理性主义还是非理性主义,不管是在现代性还是后现代性的语境中,马克思哲学对人的关怀和寻求人的解放的旨趣,还总是显示出其具有的科学性和现实性。在当下,研究马克思的个体自主性思想对我们来说,仍然具有很大的理论价值和现实意义。

二、中国哲学史上个体自主性思想的历史演进

中国传统文化里不乏个体自主性的萌芽。中国传统文化是由儒、释、道三家融合而成。儒、释、道三家都是关心人,爱护人,以人为中心的。中国古代哲学包含有很多人学的思想。有学者认为,早在先秦哲学中就已经富含个体性思想,并总结了几方面的特点:第一,个体性思想的出现,主要针对过分强调群体所带来的异化现象;第二,个体具有鲜明的自我意识,突出人所具有的精神性特征,而自我意识在不同思想体系中展现出不同的特征;第三,个体性思想体现了人对自身及世界的深度认识与解读;第四,人作为具有强烈自我意识的生命个体,在认识大道、天地、万物的过程中深化了对自身的认识;第五,先秦诸家对个体性思想的把握同中有异,有的主张群体至上,把个体限制在群体之中,有的主张把个体性摆放在首要位置,强调先有个体,后有社会、群体;第六,群体意识与个体意识共同构筑了中国传统哲学领域中完整的人格图式;第七,个体性归根结底是对人的生存状态的研究,相关思考呈现了人对自我的认识、反思过程。①

---

① 王敏光:《先秦哲学富含个体性思想》,载《中国社会科学报》2015年6月1日 A06版。

在《周易》中就有"天行健,君子以自强不息""地势坤,君子以厚德载物"〔《周易·象传》(上)〕的思想,指出人既要效仿天道自强自立、发愤图强,又要像大地一样广袤博大,有负载万物的厚德。儒家的核心观念是"仁",而"仁者爱人"。儒家极为重视个人的道德修养,偏重个人的内心修炼。孔子提出理想人格的培养须经过三个步骤:"兴于诗、立于礼、成于乐"(《论语·泰伯》),人的自立是以"礼"为标准的,"非礼勿视,非礼勿听,非礼勿言,非礼勿动"(《论语·颜渊》)。孔子是道德自律论者,他认为要靠道德主体自身的自觉性达到"仁":"克己复礼为仁。一日克己复礼,天下归仁焉。为仁由己,而由人乎哉?"(《论语·颜渊》)孔子还提出了"己欲立而立人,己欲达而达人"(《论语·雍也》)和"己所不欲,勿施于人"(《论语·卫灵公》)的做人标准。孟子十分重视个体理性追求的重要,认为:"人之所以异于禽兽者几希!庶民去之,君子存之。舜明于庶物,察于人伦,由仁义行,非行仁义也"(《孟子·离娄下》),还充分肯定了个体的能动性:"人皆可以为尧舜"(《孟子·告子下》)。荀子则提出了"夫义者内节于人,而外节于万物"(《荀子·强国篇》)和"天地官而万物役"(《荀子·天论篇》)的观点。

从某种意义来讲,儒家的这些思想有可能使人达到一种崇高的人格。"三军可夺帅也,匹夫不可夺志也"(《论语·子罕》);"富贵不能淫,贫贱不能移,威武不能屈,此之谓大丈夫!"(《孟子·滕文公下》)从而造就了一批"杀身以成仁""舍身而取义"的英雄。道家人格则是走克礼复己的道路。老子就提出"以其不争,故天下莫能与之争"(《道德经》第66章)。尊重事物的自然本性,反对一切外加的矫饰,这是庄子的一条基本原则,"待钩绳规矩而正者,是削其性者也;待绳约胶漆而固者,是侵其德者也;屈折礼乐,呴俞仁义,以慰天下之心者,此失其常然也"(《庄子·骈拇》)。道家追求个体的自然本性,带有提倡个性解放的色彩。庄子的逍遥游把对自由的追求第一次在历史上显现出来。佛教突出个体自我意识,例如,禅宗主张"一念悟时,众生是佛"(《坛经·般若品》),且人人皆能成佛,"自心是佛",讲究当下一刹那间的觉悟即"顿悟",靠自力才能达到一种综合了时空的自由境界,讲究自己拯救自己,从而在个体的觉悟境界中自己成为佛。

正因为儒、释、道三家的学说里包含有追求个体独立人格、个体自我意识的成分,从而促使封建社会内部出现过两次个体自主意识的觉醒。第一次是在魏晋时期。宗白华先生曾说道:"汉末魏晋六朝是中国政治上最混乱、社会上最痛苦的时代,然而却是精神上极自由、极解放、最高于智慧、最浓于热情的一个时代,因此也就是最富于艺术精神的一个时代。"①这一时期,人们开始反观自身,发现个人价值,生命、才智、仪形得到了重视。《世说新语·品藻》曾言:"桓公少与殷侯齐名,常有竞心,桓问殷:'卿何如我?'殷云:'我与我周旋久,宁做我'。"也就是本着"宁做我"这种原则,一些人开始追求我行我素的生活。其中"竹林七贤"是最有代表性的,他们代表了"越名教而任自然"的"魏晋风骨"。他们强调个体自我,不断以狂者姿态与世抗争,时时处处表现得"傲然独得""任性不羁"。嵇康就公然挑战六经的权威:"六经以抑引为主,人性以从欲为欢;抑引则违其愿,从欲则得自然。然则自然之得,不由抑引之六经;全性之本,不须犯情之礼律。故仁义务于礼伪,非养性之要术;廉让生于争夺,非自然之所出也。"(《嵇康集·难自然好学论》)嵇康认为,礼法名教是压抑人性的,他不为名教所拘,只求顺天地而逍遥自得,"顺天和以自然,以道德为师友;玩阴阳之变化,得长生之永久;任自然

---

① 宗白华:《美学散步》,上海:上海人民出版社,1981年版,第177页。

以托身,以天地而不朽"(《嵇康集·答难养生论》)。

另一次个体自主意识的觉醒是在明中叶进入末期。它包括三步:从程、朱道学到陆、王心学到心学激进派王畿、王艮,最后发展到异端之尤李贽。陆九渊强调自我,激励人们的自主意识,他说:"收拾精神,自作主宰。万物皆备于我,有何欠阙?"(《语录下》,《象山先生全集》卷三十五)王阳明把"良知"作为道德意识的主体。在王阳明那里,"心",即"良知",既是人之本体,也是宇宙之本体。"盖天地万物与人原是一体,其发窍之最精处,是人心一点灵明","心者,身之主也;而心之虚灵明觉,即所谓本然之良知也"(《传习录下》)。"是非之心,不待虑而知,不待学而能,是故谓之'良知'。是乃天命之性,吾心之本体,自然灵昭明觉者也"(《大学问》)。王艮有了进一步发展,认为人是外在世界的主人和立法者,而且每个人应该对自己负责,赋予个体自我造就的权利,"自成自道,自暴自弃"(《语录》,《王心斋先生遗集》卷一)。异端之尤李贽崇尚"私"即个体的利益,他说:"夫私者,人之心也。人必有私,而后其心乃见;若无私,则无心矣"(《德业儒臣后论》,《藏书》卷三十二),他反对圣人模式,追求个体自我发展。"夫天生一人,自有一人之用,不待取给于孔子而后足也。若必待取足于孔子,则千古以前无孔子,终不得为人乎?"(《答耿中丞》,《焚书》卷一)这一时期弘扬个体自主性意识的理论经过顾炎武、黄宗羲、王夫之、戴震等人的进一步发展,成为了中国近现代启蒙思想的萌芽。这表明中国传统文化也具有产生启蒙思想的能力与自觉趋向,也有追求自主性的理想。

近代中国是一个大动荡、大变革的时代。1840年鸦片战争爆发,外国侵略者用坚船利炮打开了中国闭锁的大门,中国沦为了半殖民地半封建社会,西方文化也随之传入中国。中西方文化产生了一次大冲突,中国的启蒙运动开始发展起来。启蒙运动的形成阶段

在 19 世纪 80~90 年代中期,康有为、梁启超等人的维新思想,宣
扬平等、博爱、非暴力。康有为在倡导"以人为主"的人道主义思想
前提下,把人权、独立、平等,看成是天赋的、自然的,"人人独立,人
人平等,人人自主,人人不相侵犯,人人交相亲爱,此为人类之公
理"(《孟子微》);"凡人皆天生,不论男女,人人皆有天与之体,即有
自立之权,上隶于天,人尽平等,无形体之异也";"其惟天予人权,
平等独立哉"(《大同书》);自由是天赋的,本质是个人自立的。严复
也提出:"民之自由,天之所畀也"(《辟韩》)。他认为自由是人道进
化的动力和目标:"禽兽下生,驱于形气,一切不由自主,则无自由,
而皆束缚。独人道介于天物之间,有自由亦有束缚。治化天演,程度
愈高,其所得以自由自主之事愈众"(《群己权界论·译凡例》)。人与
禽兽有别,人道的进化就是摆脱束缚而趋向自由的过程,人愈进
化,自由自主的程度愈多。梁启超提倡自由学说,认为心奴之害大
于身奴之害,心奴有种种,若被心奴所役,就"如蚕在茧,着着自缚;
如膏在釜,日日自煎"。"若有欲求真自由者乎,其必自除心中之奴
隶始",那就必须做到"勿为古人之奴隶""勿为世俗之奴隶""勿为
境遇之奴隶""勿为情欲之奴隶"(《新民说·论自由》)。梁启超认为
群体的独立、自由必须以个人独立、自由为前提,"欲求国之自尊,
必先自国民人人自尊始"(《新民说·论自尊》)。章太炎推崇意志自
由:"盖以支那德教,虽各殊途,而根源所在,悉归于一,曰:'依自不
依他'耳……虽虚实不同,拘通异状,而自贵其心,不以鬼神为奥
主,一也。"[1]他说的"依自不依他"就是强调个体自主性,个人需要
依靠自己的自由意志,不要依赖他人。推广到一个民族也是如此,
要自强自立。

---

[1]《章太炎全集》第 4 卷,上海:上海人民出版社,1985 年版,第 369 页。

陈独秀在 1915 年 9 月创办的《青年》杂志创刊号上发表《敬告青年》一文,提出了"六义",第一义便是主张"自主而非奴隶"。陈独秀说:"等一人也,各有自主之权,绝无奴隶他人之权利,亦绝无以奴自处之义务","解放云者,脱离夫奴隶之羁绊,以完其自主自由之人格之谓也……盖自认为独立自主之人格以上,一切操行,一切权利,一切信仰,唯有听命各自固有之智能,断无盲从隶属他人之理。"① 在陈独秀"民主"与"科学"两面旗帜的倡导下,启蒙思想在"五四"运动时达到了高潮。启蒙思想的核心内容是人权觉醒、人格独立和理性自主。启蒙运动最深层的要求便是使这些思想观念深入人心,成为社会生活各个方面的普遍准则。"五四"运动之后,中国现代思想家对个体自主性的呼唤与建构更富积极意义,反映在自由主义、现代新儒家和马克思主义等理论中。例如,自由主义者胡适设想的"好政府"的内涵是:"在积极的方面是两点:(1)充分运用政治的机关为社会全体谋充分的福利。(2)充分容纳个人的自由,爱护个性的发展。"② 中国共产党的创始人之一、马克思主义者李大钊指出:"真正合理的个人主义,没有不顾社会秩序的;真正合理的社会主义,没有不顾个人自由的……真实的秩序,不是压服一切个性的活动,是包蓄种种不同的机会使其中的各个分子可以自由选择的安排;不是死的状态,是活的机体。"③ 李大钊主张建立既有个性解放又有"大同团结"的新社会。真正的解放不是靠乞求统治者,而是要自己解放自己,"自由的事,主之自我"。这一时期的思想家对个体自主性的阐释,主要是基于中国积贫积弱的现实,希冀通过捷径尽快让个体的中国强大起来,因

---

① 《独秀文存》,合肥:安徽人民出版社,1996 年版,第 4—5 页。
② 《胡适文存》第 2 集,合肥:黄山书社,1996 年版,第 297 页。
③ 《李大钊全集》第 3 卷,石家庄:河北教育出版社,1999 年版,第 579 页。

此带有很多激进主义色彩和浪漫主义色彩。由于种种原因,中国的启蒙运动没有像西方的启蒙运动一样促进自主精神的生长,而是以失败告终。

三、当代哲学界对个体自主性内涵的思考

前面我们对中外历史个体自主性思想发展的脉络做了一番梳理,可以发现中西方传统思想对个体自主性探索所走的道路不尽相同。中国传统思想主要走内在超越之路,把自主性归结为人在精神上的自主、自立、自觉、自律,而西方传统思想主要走外在超越之路,把自主性归结为对外界对象的驾驭、主宰关系上。在历史上,中外哲学家并没有对个体自主性做一明确定义。随着主体问题成为当代哲学研究的热点,对个体自主性的探索也有了进一步的发展。从广义来讲,自主性除了个人的自主性以外,还有国家、民族、企业的自主性。从国内外学者的研究来看,大多把自主性与个人联系在一起,而且对其内涵的理解应该说大同小异。

(一)个体自主性的含义

马斯洛的"自主"含义是"自我决定,自我管理,做一名积极、负责、自我训练,有主见的行动者,而不是……完全为他人左右,做一位强者而不是弱者",他们"自己下决心,自己拿主意,他们是自己的主人,对自己的命运负责"。[1] 俄国的别尔嘉耶夫宣扬的个体人格就是他眼中的个体自主性:"个体人格自身即一个基本的整体和统一体,它的这种特性显现在关系中,即显现在个体人格与世界、

---

① 〔美〕马斯洛:《动机与人格》,许金声、程朝翔译,北京:华夏出版社,1987年版,第189页。

社会、他人的一种不受限于决定化的、创造的、自由的、爱的关系中。"①英国的卢克斯认为个人主义包含人的尊严、自主性、隐私权和自我发展四个思想。"个人的思想和行为是他自己的,并不为不受他控制的外部力量或原因所左右。特别是,如果一个人对于他所服从的压力和规范,能够敢于进行自觉的和批判的评价,能够通过独立的和理性的反思形成自己的打算和目标,做出实际的决策,那么,一个人(在社会层次上)就是自主的。"②苏联的伊·谢·科恩认为：个人的概念是同自由和独立的概念分不开的,"自主性总是与自由和自己有可能监督自己的生命活动密切相关,而与消极被动、无能为力等相对立"。他探究了自主的两个尺度："第一个尺度描述个体的客观状况、生活环境,是指相对于外部强迫和外部控制的独立、自由,自决和自己支配生活的权利与可能。第二个尺度是对主观现实而言,是指能够合理利用自己的选择权利,有明确目标,坚韧不拔和有进取心。自主的人能够认识并且善于确定自己的目标,不仅能够成功地控制外部环境,而且能够控制自己的冲动。"③

　　在我国的哲学教材中较少有涉及人的个体自主性问题。较早论及此问题的是高清海主编的《马克思主义哲学基础》一书。书中把自主性当作人作为主体的基本规定性之一。自主性一方面指人是一切存在物中的最高存在者,另一方面指人是在世间唯一能够自我创造的存在物,人是人自己的创造者,自己的主宰者。④随着人的主体性

---

① 〔俄〕尼古拉·别尔嘉耶夫:《人的奴役与自由——人格主义哲学的体认》,徐黎明译,贵阳:贵州人民出版社,1994年版,第19页。

② 〔英〕史蒂文·卢克斯:《个人主义:分析与批判》,北京:中国广播电视出版社,朱红文、孔德龙译,1993年版,第56页。

③ 〔苏〕伊·谢·科恩:《自我论——个人与个人自我意识》,佟景韩、范国恩、许宏治译,北京:生活·读书·新知三联书店,1986年版,第80、407页。

④ 参见高清海主编:《马克思主义哲学基础》下册,北京:人民出版社,1987年版,第3—21页。

问题成为我国哲学界的热点问题,个体自主性不断在某些文章及书中被提及。有的学者认为:"个人的独立自主性既表现为对社会的独立自主性(他不唯社会是从,成为社会的附属品,而是自己有对社会的独立思维、独立判断、独立决定和独立自主活动的能力),又表现为个人自我判断、自我控制、自我调节和自我行动的能力。"[①] 有的学者认为:"自主性就是主体在作用于客体的过程中所显示的主人性质。"[②] 还有的学者认为:"自主性,主要指个人在从事社会活动和社会交往时可以自发地按社会允许的方式行事。"[③]

笔者认为,个体自主性就是个人作为主体在与客体的关系中始终显示出来的支配性质。针对外部世界(自然界、社会、群体、其他人)而言,个人具有认识、改造客体的能力,不因外界的压力使思维和行动受左右,这属于一种"认识—实践结构";对个体自身而言,个人能够以自己的思想支配自己的行动,正确地自我评价,树立明确的目标,并能自我调节与自我控制,从而不断战胜自我、超越自我,这属于一种"认识—心理结构"。个体的这两个结构是互相促进、互相补充的,前者包含了"客体主体化"的过程,后者包含了"主体客体化"的过程,二者缺一不可,否则就不能真正体现出个体的自主性。每个个体就是一个自我主宰的"我","我"控制着自身的逻辑思维,控制着自身的行为选择。但在谈及个体自主性时,必须承认客观外界的存在和客观规律对个体本身的制约作用。正是客观外界给个体自主性的实现提供了物质基础与外部环境。

---

① 韩庆祥:《马克思主义人学思想发微》,北京:中国社会科学出版社,1992 年版,第 123 页。

② 杨金海:《人的存在》,南宁:广西人民出版社,1995 年版,第 216 页。

③ 韩震:《生成的存在——关于人和社会的哲学思考》,北京:北京师范大学出版社,1996 年版,第 66 页。

(二)个体自主性与个人主义

在英文中,"个体性"译为 individuality,"自主性"译为 autonomy。自主(autonomy)一词来源于古希腊文的两个词:"autos"和"nomos"。而"个人主义"这个术语,据英国的史蒂文·卢克斯考据,最先系统使用的是 19 世纪 20 年代中期的圣西门主义者,其法语形式是"individualisme"。但在法国,它通常,甚至至今仍然带着一种贬义,意味着强调个人就会有害社会的更高利益。"个人主义"和"个性"(individualite)是对立的,前者意味着无政府状态和社会的原子化,后者意味着个人独立和自我实现。①

马克思主义视域中的个体自主性与西方哲学中的"个人主义"(Individualismus)是有本质区别的。

首先,"个体"与"个人"有区别。马克思在谈及现实的人特别是共产主义社会中的人时,使用的概念往往是"个体"(Individuum),而不是"个人"(Person)。"个体"一词直接译自希腊语中不可分的"原子"(atomeon)。之后,"个体"多被用来指处在关系中的与共同体(Gemeinschaft)相对立的单个人。"个人"(Person)一词来自拉丁语 persona,在日常用语中用来指人的形象、外形、体格、特性,在法学的意义上,指拥有权利和义务的人。马克思、恩格斯更青睐"个体"一词,他们的目的是为了与德国古典哲学特别是黑格尔哲学划清界限。马克思哲学的出发点是"现实的个人",在市民社会中存在的作为"个体"的人,比在政治国家中存在的作为"法人""个人"的人更为具体、现实。②所以,马克思使用"个体"这一概念来强调个人

---

① 参见〔英〕史蒂文·卢克斯:《个人主义:分析与批判》,北京:中国广播电视出版社,朱红文、孔德龙译,1993 年版,第 2—6 页。

② 参见侯才:《马克思的"个体"和"共同体"概念》,载《哲学研究》2012 年第 1 期。

的现实性与历史性、个人的独立性与自主性。

其次，"个体"不等于"个别"。"个人主义"眼中的"个别"是容不得"总体性"存在的，"集体"与"共同体"的概念也是被排斥的。苏联的伊·谢·科恩认为："个体是全体的个例，是体现类的共同特性的单个个体。现代生物学的心理学正是把这种涵义赋予了这一术语：'个体特性'就是类特性，而'个体差异'实即类特性表现程度的差异。"①个人主义也称利己主义。个人主义把"自我"和"他人"绝对对立，用部分来对抗整体。尼古拉·别尔嘉耶夫也认为："个体人是社会的、种族的、世界的部分，而个人主义是部分——脱离了整体的部分——的幻象，或者是部分对整体的反抗。"②科恩形象地描述了这种个人主义的特点："接受个人主义教育的人表面化地理解自主，将自主归结为'自我'和'他人'的矛盾。对于这种'来自地下的人'来说，世界分裂为两个营垒：一个是'自我'，另一个是'他们'，即所有人无一例外都是'别人'，不管他们是谁。"③尼古拉·别尔嘉耶夫分析了个人主义的本质："个人主义者本质的源头在客体化世界中，即在社会和自然中。凭藉个人主义来抗拒奴役，实际上只能隔绝自己，只能屈从于外在世界。"而个人主义的所作所为导致的却是自身的双重奴役，"'我'的自我中心主义比'非我'的自我中心主义更具奴役性"，"自我中心主义意味着人受双重奴役：受自我的奴役，囿于僵死、狭小的自我性；受世界——一个行使外在强制手段的客体——的奴役"。④个人主义其实

---

① 〔苏〕伊·谢·科恩：《自我论——个人与个人自我意识》，佟景韩、范国恩、许宏治译，北京：生活·读书·新知三联书店，1986年版，第29页。

② 〔俄〕尼古拉·别尔嘉耶夫：《人的奴役与自由——人格主义哲学的体认》，徐黎明译，贵阳：贵州人民出版社，1994年版，第114页。

③ 〔苏〕伊·谢·科恩：《自我论——个人与个人自我意识》，佟景韩、范国恩、许宏治译，北京：生活·读书·新知三联书店，1986年版，第407页。

④ 〔俄〕尼古拉·别尔嘉耶夫：《人的奴役与自由——人格主义哲学的体认》，徐黎明译，贵阳：贵州人民出版社，1994年版，第115、27、26页。

并不能利己,它最终是既损人又不利己,就像别尔嘉耶夫说的,它受的是双重奴役,既受自我的奴役,又受外界的奴役。正如马克思所言:"任何一个存在物只有当它用自己的双脚站立的时候,才认为自己是独立的,而且只有当它依靠自己而存在的时候,它才是用自己的双脚站立的。靠别人恩典为生的人,把自己看成一个从属的存在物。但是,如果我不仅靠别人维持我的生活,而且别人还创造了我的生活,别人还是我的生活的泉源,那么我就完全靠别人的恩典为生;如果我的生活不是我自己的创造,那么我的生活就必定在自身之外有这样一个根源。"[①]

再次,自主性不等于"主观性"。个体自主不能是单纯主观的随意性,而必须受客观外在制约,必须要顺应自然,遵循社会历史的规律性。近代以来,也正是由于人的主观性肆意膨胀,才造成了"人类中心主义"的泛滥。人是不能任意地发挥主体尺度的,而必须遵循自然对象的性质和状况。人的主观意志、主观欲望不能凌驾于现实生活之上,也不能脱离历史条件的制约。"个人怎样表现自己的生活,他们自己就是怎样。因此,他们是什么样的,这同他们的生产是一致的——既和他们生产什么一致,又和他们怎样生产一致。因而,个人是什么样的,这取决于他们进行生产的物质条件。"[②]不是人们的意识决定社会存在,而是社会存在决定人们的意识。

最后,个体自主性是个体在与总体、集体、共同体的辩证统一中实现的。马克思、恩格斯在《德意志意识形态》中指出:"只有在共同体中,个人才能获得全面发展其才能的手段,也就是说,只有在共同体中才可能有个人自由。"[③]"自我"以个体为存在方式;个体

① 马克思:《1844年经济学哲学手稿》,北京:人民出版社,2000年版,第91页。
② 《马克思恩格斯选集》第1卷,北京:人民出版社,1995年版,第67—68页。
③ 《马克思恩格斯选集》第1卷,北京:人民出版社,1995年版,第119页。

又因为拥有自主性而确立了存在的意义。人越有个性,个体的自主性越强,就越有总体性和集体性。所以,个体主义这边只讲个别与主观;个体自主性这边是个体与总体、集体、共同体的辩证统一,是主体尺度与客体尺度的辩证统一。

个体与共同体的概念在马克思哲学中占有重要地位。"人格个体"(das persoenliche Individuum)与作为这种个体联合的"真正共同体"(wirkliche Gemeinschaft),构成马克思、恩格斯所追求的理想社会的密不可分、互为前提的两端。在《德意志意识形态》和《共产党宣言》等著作中,马克思、恩格斯将"个体"(Individuum)与"个人"(Person)、"共同体"(Gemeinschaft)或"联合体"(Assoziation)与"社会"(Gesellschft)严格区别开来。马克思、恩格斯用"个体"来指谓现实的人特别是共产主义社会的人,用"共同体"来指谓共产主义社会,并坚持两者的有机统一。[①]

个体是在与总体、集体、共同体的辩证统一中实现了个体自主性的。但是也要看到,集体有虚假的集体和真实的集体之分,共同体有消极的共同体和积极的共同体之分。在虚假的集体和消极的共同体中,个体是被集体排斥的,个体对集体只能是绝对服从,人的个性、创造力得不到发挥,甚至被扼杀殆尽。相反,在真实的集体和积极的共同体中,个性得到充分展示,个人创造力得到充分发挥,整个集体充满活力。正如马克思、恩格斯所言:"在真正的共同体的条件下,各个人在自己的联合中并通过这种联合获得自己的自由。"[②]个体自主性要得到充分发展,马克思、恩格斯指出,那是未来的社会,即真正的共同体——共产主义社会:"将是这样一个

---

① 参见侯才:《马克思的"个体"和"共同体"概念》,载《哲学研究》2012 年第 1 期。
② 《马克思恩格斯选集》第 1 卷,北京:人民出版社,1995 年版,第 119 页。

联合体,在那里,每个人的自由发展是一切人的自由发展的条件。"[1] 马克思、恩格斯所说的"每个人"指的是个体,"一切人"指的是集体、整体或类。马克思、恩格斯认为,只有每个人的自由发展才能为一切人的发展提供实现的前提条件,没有个体的自主性,就没有全人类的自由,真正的发展是个体发展与类发展的辩证统一。只有在共产主义这个联合体、真正的共同体中,个体与集体之间是良性互动的,才能达到个体和集体的充分统一,个体自主性才能得到了真正的实现。

人既是一种物质性存在,也是一种精神性存在。应该说,人类的精神生活史,就是不断寻求自由、寻求解放的历史,就是个体自主性不断证成的历史。一部人类精神生活史,实际上就是人类以自己的方式(按照意愿、情感、理性、信念、规范)进行自我治理和调适的历史,是精神生活证明自己的正当性从而获得合法性存在以及自主性的历史,从而也是个体自主性与人格同一性的证成与获得史。所以说,实现共产主义不光是马克思、恩格斯的理论旨归,也是人类的崇高理想,是人们追逐个体自主性,获得个体自主性的逻辑必然和历史必然。

---

[1] 《马克思恩格斯选集》第1卷,北京:人民出版社,1995年版,第294页。

第二章
马克思对个体自主性的救赎之路

威廉·巴雷特在《非理性的人——存在主义哲学研究》的开篇就指出："同实证主义一样，马克思主义没有一个用来描述人的个体性的独特事实的哲学范畴，从而在事物的自然过程中设法使人的这种个体性脱离存在而集体化。"因此，他认为："马克思主义和实证主义的人的画面是单薄的，过于简单化了。存在主义哲学，作为对这样一种简单化的反叛，力图掌握个人的形象，尽管为此它也就必须去揭露他的存在中的一切黑暗和可疑的东西。正是由于这一方面，它才堪称对我们自己时代经验的一种本真得多的表达。"①事实果真如此吗？马克思主义就如同实证主义一样吗？马克思早在他的博士论文《论德谟克利特的自然哲学和伊壁鸠鲁的自然哲学的差别》中就已经批判了实证主义，与实证哲学划清界限了："哲学自我意识的这种二重性表现为两个极端对立的派别：其中的一个派别，我们可以一般地称为自由派，它坚持把哲学的概念和原则作为主要的规定；而另一个派别则坚持把哲学的非概念即实在性的环节作为主要的规定。这第二个派别就是实证哲学。"②那么，马克思主义忽视了人，把人简单化处理了吗？不是！其实，马克思哲学也可以说是人学，马克思哲学包含有丰富深厚的人学思想。马克思并非没有描述人的个体性的哲学范畴，相反，个体自主性贯穿马克思思想的始终。

一、个体自主性贯穿马克思思想的始终

毋庸置疑，青年、中年、晚年的马克思思想是有变化和发展的。

---

① 〔美〕威廉·巴雷特：《非理性的人——存在主义哲学研究》，段德智译，陈修斋校，上海：上海译文出版社，1992 年版，第 23 页。

② 《马克思恩格斯全集》第 1 卷，北京：人民出版社，1995 年版，第 76 页。

但是，以下我们之所以把马克思一系列著名的论著拿出来仔细分析，目的是为了说明，个体自主性贯穿马克思思想的始终，为人类寻求解放的思想，为大众谋求幸福之路，是马克思毕生努力经营的事业。在以下著作中，马克思、恩格斯阐释了很多和以往哲学不同的科学的观点，我们不能一一列举，只是把关注点聚焦在个体自主性这方面的内容。

(一)《青年在选择职业的思考》

1835年，还处在中学时代的马克思就写下了《青年在选择职业的思考》这篇著名的文章。在这篇习作中，马克思对人生选择做了定位，表达了为人类谋福祉的崇高志向。

青年马克思指出："能给人以尊严的只有这样的职业，在从事这种职业时我们不是作为奴隶般的工具，而是在自己的领域内独立地进行创造;这种职业不需要有不体面的行动(哪怕只是表面上不体面的行动)，甚至最优秀的人物也会怀着崇高的自豪感去从事它。最合乎这些要求的职业，并不一定是最高的职业，但总是最可取的职业。"青年马克思认为要选择那种能给人尊严的职业，因为"尊严就是最能使人高尚起来、使他的活动和他的一切努力具有崇高品质的东西，就是使他无可非议、受到众人钦佩并高出于众人之上的东西"，[①]这样才能做一个自由的、自主的、有创造性的人，而不是成为一个奴隶。而且，这样的职业还必须是为他人谋福利、谋幸福，才能使自己达到完美。"在选择职业时，我们应该遵循的主要指针是人类的幸福和我们自身的完美。不应认为，这两种利益会彼此敌对、互相冲突，一种利益必定消灭另一种利益;相反，人的本性是这样的:人只有为同时代人

---

① 《马克思恩格斯全集》第 1 卷，北京:人民出版社，1995 年版，第 458 页。

的完美、为他们的幸福而工作,自己才能达到完美。"①可见,马克思在中学时代就已经有了个体自主性思想的萌芽。

(二)《论德谟克利特的自然哲学和伊壁鸠鲁的自然哲学的差别》

马克思博士论文《论德谟克利特的自然哲学和伊壁鸠鲁的自然哲学的差别》写于 1840 年下半年—1841 年 3 月底。马克思终生都为人的自由、人的解放而殚精竭虑,而在他的博士论文中已经有了这种理想追求的萌芽,有了他今后研究哲学的目的和方法。

马克思在他的博士论文中指出,伊壁鸠鲁派、斯多亚派和怀疑派都是自我意识的哲学家。马克思称伊壁鸠鲁是最伟大的希腊启蒙思想家,他无愧于卢克莱修的称颂:把人从宗教的重压下解放出来,人则被胜利高举入云。伊壁鸠鲁哲学的原则是个别的自我意识的绝对性和自由,尽管这个自我意识只是在个别性的形式上来理解的。②马克思的博士论文通过研究伊壁鸠鲁自然哲学与德谟克利特自然哲学的差别,德谟克利特的哲学是没有达到自觉的、处于发展过程中的自我意识哲学,而伊壁鸠鲁哲学是个别的自我意识哲学,伊壁鸠鲁哲学,实现了自我意识、达到了自觉。马克思认为,伊壁鸠鲁和德谟克利特在哲学上的区别在于:"伊壁鸠鲁在矛盾极端尖锐的情况下把握矛盾并使之对象化,因而把成为现象基础的、作为'元素'的原子同存在于虚空中的作为'本原'的原子区别开来;而德谟克利特则仅仅将其中的一个环节对象化。"③伊壁鸠鲁坚持把个别的自我意识作为绝对原则,轻视实证知识。伊壁鸠鲁哲学强调原子的偏斜,

① 《马克思恩格斯全集》第 1 卷,北京:人民出版社,1995 年版,第 459 页。
② 《马克思恩格斯全集》第 1 卷,北京:人民出版社,1995 年版,第 62—63 页。
③ 《马克思恩格斯全集》第 1 卷,北京:人民出版社,1995 年版,第 50 页。

就是强调偶然性的重要,撇开必然性的干扰,它所要达到的作用就是:"这种现实的形式把现象与本质分离开来,把现象设定为现象,并且使现象返回到本质中。"① 而德谟克利特恰恰搞不清现象与本质的区别,只从现象去考察现象。"正如原子不外是抽象的、个别的自我意识的自然形式一样,感性的自然也只是对象化了的、经验的、个别的自我意识,而这就是感性的自我意识。所以,感官是具体自然中的唯一标准,正如抽象的理性是原子世界的唯一标准一样。"②

马克思对古希腊哲学派别的这种对比,目的还是为了把握当时的哲学纷争。马克思最后得出结论:"哲学自我意识的这种二重性表现为两个极端对立的派别:其中的一个派别,我们可以一般地称为自由派,它坚持把哲学的概念和原则作为主要的规定;而另一个派别则坚持把哲学的非概念即实在性的环节作为主要的规定。这第二个派别就是实证哲学。""在自身中变得自由的理论精神成为实践力量……哲学的实践本身是理论的。"③ 原子在必然的直线运动中被束缚,丧失了个体自主性,而通过对伊壁鸠鲁原子偏斜运动的研究,马克思认为个体的人也可以摆脱命定的束缚获得自主性。原子运动的"偏斜"是人的自主性所追求的自由运动,强调"偶然性"的本体地位,也就是人的自主性突破"必然性"的束缚而去选择自由和幸福。由此,马克思开始研究人的自我意识,开始研究现实的个人,开始寻求建立个人的自由的社会共同体形态。到了1842年的《科隆日报》社论中,马克思已经认为,现代国家的目的是"使有道德的个人自由地联合起来"④,实现自由。之后,建立一个个人

---

① 《马克思恩格斯全集》第1卷,北京:人民出版社,1995年版,第52页。
② 《马克思恩格斯全集》第1卷,北京:人民出版社,1995年版,第54页。
③ 《马克思恩格斯全集》第1卷,北京:人民出版社,1995年版,第76、75页。
④ 《马克思恩格斯全集》第1卷,北京:人民出版社,1995年版,第215页。

自由的联合体成为了马克思理论研究的终极目标。

(三)《〈黑格尔法哲学批判〉导言》

马克思的《〈黑格尔法哲学批判〉导言》写作于 1843 年 10—12 月,载于 1844 年《德法年鉴》。《黑格尔法哲学批判》是马克思批判黑格尔哲学的第一部著作。马克思在书中阐述了法的关系和国家形式一样,植根于物质的生活关系,并提出了市民社会决定国家和法的著名论断。

在《〈黑格尔法哲学批判〉导言》中,马克思第一次提出了无产阶级的历史使命,提出了人类解放的合理途径。在对人的问题上,马克思抛弃了抽象、空洞的"自我意识"立场,指出人是现实中的人:"人不是抽象的蛰居于世界之外的存在物。人就是人的世界,就是国家、社会。"① 马克思提出了哲学的历史任务是揭穿人异化的根源,还原真实的自我,使人成为自由的、自主的人:"人的自我异化的神圣形象被揭穿以后,揭露具有非神圣形象的自我异化,就成了为历史服务的哲学的迫切任务。"② 无产阶级应该运用这样的哲学来获得解放:"哲学把无产阶级当作自己的物质武器,同样,无产阶级也把哲学当作自己的精神武器;思想的闪电一旦击中这块素朴的人民园地,德国人就会解放成为人。"③ 马克思同时指出:"德国人的解放就是人的解放。这个解放的头脑是哲学,它的心脏是无产阶级。哲学不消灭无产阶级,就不能成为现实;无产阶级不把哲学变为现实,就不可能消灭自身。"④ 无产阶级必须在涅槃中获得新生,

① 《马克思恩格斯选集》第 1 卷,北京:人民出版社,1995 年版,第 1 页。
② 《马克思恩格斯选集》第 1 卷,北京:人民出版社,1995 年版,第 2 页。
③ 《马克思恩格斯选集》第 1 卷,北京:人民出版社,1995 年版,第 15—16 页。
④ 《马克思恩格斯选集》第 1 卷,北京:人民出版社,1995 年版,第 16 页。

必须在消灭自身中获得新的自我，获得自由与自主。此时的马克思，已经从唯心主义者转向了唯物主义者，从激进的民主主义者转向了共产主义者。

(四)《论犹太人问题》

马克思的《论犹太人问题》写作于 1843 年 10 月，发表在 1844 年 2 月的《德法年鉴》上。在《论犹太人问题》中，马克思针对鲍威尔关于犹太人问题发表的言论进行了批判。

马克思分析了政治解放是有限度的："即使人还没有真正摆脱某种限制，国家也可以摆脱这种限制，即使人还不是自由人，国家也可以成为自由国家。"鲍威尔的错误在于他批判的只是"基督教国家"，而不是"国家本身"，并且没有探讨政治解放对人的解放的关系。马克思进而提出了个体自主性实现的根本途径就是回归人的本质与人性的解放："任何解放都是使人的世界即各种关系回归于人自身。"① 马克思认为："政治解放一方面把人归结为市民社会的成员，归结为利己的、独立的个体，另一方面把人归结为公民，归结为法人。"② 但是，"政治解放本身并不就是人的解放"，③ "只有当现实的个人把抽象的公民复归于自身，并且作为个人，在自己的经验生活、自己的个体劳动、自己的个体关系中间，成为类存在物的时候，只有当人认识到自身'固有的力量'是社会力量，并把这种力量组织起来因而不再把社会力量以政治力量的形式同自身分离的时候，只有到了那个时候，人的解放才能完成。"④

---

① 《马克思恩格斯文集》第 1 卷，北京：人民出版社，2009 年版，第 46 页。

② 《马克思恩格斯文集》第 1 卷，北京：人民出版社，2009 年版，第 46 页。

③ 《马克思恩格斯文集》第 1 卷，北京：人民出版社，2009 年版，第 38 页。

④ 《马克思恩格斯文集》第 1 卷，北京：人民出版社，2009 年版，第 46 页。

(五)《1844 年经济学哲学手稿》

马克思的《1844 年经济学哲学手稿》又称《巴黎手稿》,于 1844 年 5—8 月写作于巴黎,在马克思生前没有发表,直到 1932 年才全文公开发表。马克思这一手稿的发表,促使了西方研究马克思主义的转向,不断从政治学和经济学转向哲学。在《1844 年经济学哲学手稿》中,马克思对资本主义经济制度进行了尖锐的批判,并初步阐明自己的经济学、哲学观点,以及共产主义思想。

马克思从劳动者与劳动产品、劳动活动、人和他的“类本质”以及人和人相异化的四个方面阐释了异化劳动概念。劳动创造了人本身,劳动创造了人的对象性世界,人的劳动是一种自由自觉的活动过程,是将人的本质力量对象化的过程。而异化劳动导致的就是人自主活动的缺失,从而造成人的本质的异化。“异化劳动使人自己的身体,同样使他之外的自然界,使他的精神实质,他的人的本质同人相异化”,“人同自己的劳动产品、自己的生命活动、自己的类本质相异化的直接结果就是人同人相异化”。① 马克思的异化劳动理论贯穿了他的整个理论始终,马克思要改变异化劳动的现实状况,要使人回归本真的自我,回归其类本质,获得彻底的解放,这一理论最终体现在马克思的《资本论》一书上。只是后来马克思更多是用唯物史观来取代异化劳动理论。

马克思克服了长期以来西方哲学史主客二分的对立,把“现实的个人”作为自己哲学的出发点,阐释了人的本质学说。马克思认为,特定的个体是特定的类存在物;人不仅是自然存在物,而且是人的自然存在物,是自为地存在着的存在物,是类存在物。可以说,

---

① 马克思:《1844 年经济学哲学手稿》,北京:人民出版社,2000 年版,第 58、59 页。

个体是自然存在物,个体是现实的、单个的社会存在物,个体是有意识的类存在物。同时,马克思认为,人的生命活动即劳动是有意识的生命活动,他把人的本质规定为"自由自觉的活动"。"一个种的整体特性、种的类特性就在于生命活动的性质,而自由的有意识的活动恰恰就是人的类特性。"①人通过实践创造对象世界,改造对象世界,从而证明自己是有意识的类存在物。

马克思对共产主义做了诸多描述,但都离不开人的全面发展这一理念。马克思认为:"共产主义是私有财产即人的自我异化的积极的扬弃,因而是通过人并且为了人而对人的本质的真正占有;因此,它是人向自身、向社会的即合乎人性的人的复归,这种复归是完全的,自觉的和在以往发展的全部财富的范围内生成的。"②共产主义作为一种历史运动,它是对人的自我异化的扬弃,是对人本质的复归,是人本身的解放运动,是存在和本质、对象化和自我确证、自由和必然、个体和类之间的斗争的真正解决。正是有了共产主义,才解答了历史之谜,那就是认识自然、认识历史、认识自己。

(六)《关于费尔巴哈的提纲》

马克思的《关于费尔巴哈的提纲》写作于1845年春,在马克思生前也没有公开发表。1888年,恩格斯在马克思的旧笔记中发现了这一提纲,才作为《路德维希·费尔巴哈和德国古典哲学的终结》单行本附录公开发表。恩格斯把它称为"包含着新世界观的天才萌芽的第一个文件"。

在《关于费尔巴哈的提纲》中,马克思分析了旧唯物主义和唯

---

① 马克思:《1844年经济学哲学手稿》,北京:人民出版社,2000年版,第57页。
② 马克思:《1844年经济学哲学手稿》,北京:人民出版社,2000年版,第81页。

心主义的主要缺陷。马克思这样写道："从前的一切唯物主义(包括费尔巴哈的唯物主义)的主要缺点是:对对象、现实、感性,只是从客体的或者直观的形式去理解,而不是把它们当作感性的人的活动,当作实践去理解,不是从主体方面去理解。因此,和唯物主义相反,能动的方面却被唯心主义抽象地发展了,当然,唯心主义是不知道现实的、感性的活动本身的。费尔巴哈想要研究跟思想客体确实不同的感性客体:但是他没有把人的活动本身理解为对象性的活动……他不理解'革命的'、'实践批判的'活动的意义。"①唯心主义抽象发展了人的能动的、主体的方面,但没有将人看作是现实的、感性的存在;旧唯物主义则从客体的或直观的形式片面地发展了人的感性的一面,忽视了人的主体性的存在。由于脱离实践,一切旧唯物主义只是从反映与被反映的关系去理解人与客观世界的关系,而不是从改造与被改造的关系去理解人与客观世界的关系。马克思创立的哲学既看到了对象、自然的客观性,又看到了人主体性、能动性的一面,以及对象、自然在人的实践活动中被赋予的属人的一面。

　　同时,马克思对费尔巴哈人的本质的观点做了批判:费尔巴哈把宗教的本质归结为人的本质,他的错误导向了两方面:"撇开历史的进程,把宗教感情固定为独立的东西,并假定有一种抽象的——孤立的——人的个体";"本质只能被理解为'类',理解为一种内在的、无声的、把许多个人自然地联系起来的普遍性"。②由于费尔巴哈离开人的感性活动,没有把人的活动本身理解为对象性的活动,离开人的社会历史性,孤立、抽象地去考察人,从而扭曲地

---

① 《马克思恩格斯选集》第1卷,北京:人民出版社,1995年版,第54页。
② 《马克思恩格斯选集》第1卷,北京:人民出版社,1995年版,第56页。

把宗教的本质归结于人的本质。但是,正如马克思所说的,人在其现实上,是一切社会关系的总和。人的本质不是自然的、抽象的、永恒不变的,而是社会的、具体的、变化发展的。

马克思哲学把实践的观点作为首要的基本的观点。在《关于费尔巴哈的提纲》中,"实践"是其核心概念,里面共有 11 条提纲,其中 7 条提纲谈到实践,实践就像一根红线贯穿在整个提纲中。在马克思视域中,实践是现实的、感性的人的活动;人应该在实践中证明自己思维的真理性,自己思维的现实性和力量,自己思维的此岸性;全部社会生活在本质上是实践的。"全部社会生活在本质上是实践的。凡是把理论引向神秘主义的神秘东西,都能在人的实践中以及对这种实践的理解中得到合理的解决","人的思维是否具有客观的真理性,这不是一个理论的问题,而是一个实践的问题。人应该在实践中证明自己思维的真理性,即自己思维的现实性和力量,自己思维的此岸性"。①马克思最终的落脚点是哲学在本质上不光是解释世界,"问题在于改变世界"。在《关于费尔巴哈的提纲》中,马克思从实践的角度阐述自然观、历史观、认识论和人的本质,为实践唯物主义奠定了基础。和《德意志意识形态》一样,《关于费尔巴哈的提纲》也被认为是马克思主义哲学,特别是唯物史观创立的标志。

(七)《德意志意识形态》

《德意志意识形态》是马克思、恩格斯继《神圣家族》之后合写的第二部著作,写作于 1845 年 9 月—1846 年 5 月,也是直到 1932 年才以德文原文形式全文发表。在《德意志意识形态》中,马克思、

---

① 《马克思恩格斯选集》第 1 卷,北京:人民出版社,1995 年版,第 56、55 页。

恩格斯对费尔巴哈、鲍威尔和施蒂纳为代表的各种唯心史观进行了深刻的批判,并阐述了唯物史观的基本内容,那就是从"现实的个人"出发,描述"现实的人及其历史发展"的社会图景。这部巨著也就标志着唯物史观的创立。

在《德意志意识形态》中,马克思、恩格斯批判了青年黑格尔派施蒂纳把"普遍物"同个体自我割裂,把个体自我与非我相对立的形而上学独断论,批判了费尔巴哈设定的是"一般人",而不是"现实的历史的人"的观点。马克思、恩格斯认为,个人是现实的、有生命的、历史的、从事实际活动的个人。马克思、恩格斯提出:"我们的出发点是从事实际活动的人……不是意识决定生活,而是生活决定意识。前一种考察方法从意识出发,把意识看作是有生命的个人。后一种符合现实生活的考察方法则从现实的、有生命的个人本身出发,把意识仅仅看作他们的意识。"① 马克思、恩格斯批判了青年黑格尔派玄想家们尽管满口讲的都是所谓"震撼世界的"词句,却是最大的保守派。因为这些玄想家们只是围绕观念、思想、概念、意识做幻象的斗争就行了。马克思、恩格斯要反对的不是这些词句,而是要反对现实的现存世界,使现存的世界革命化,实际地反对并改变现存事物。"实际上,而且对实践的唯物主义者即共产主义者来说,全部问题都在于使现存世界革命化。实际地反对并改变现存事物。"② 与德国哲学不同、与以往旧哲学不同,马克思哲学就是要从"现实的个人"出发,从经验的、肉体的、活生生的个人出发,通过改变现实人的生存状况,使人成为真实的人、全面自主的人。

在《德意志意识形态》中,马克思、恩格斯对共产主义理论做了

---

① 《马克思恩格斯选集》第1卷,北京:人民出版社,1995年版,第73页。
② 《马克思恩格斯选集》第1卷,北京:人民出版社,1995年版,第75页。

新世界观基础上的阐释,他们完全摆脱了人本主义,把共产主义及人的全面发展置于生产力、生产关系和交往关系之上:"共产主义和所有过去的运动不同的地方在于:它推翻一切旧的生产关系和交往关系的基础,并且第一次自觉地把一切自发形成的前提看作是前人的创造,消除这些前提的自发性,使它们受联合起来的个人的支配。"①总之,马克思、恩格斯关注的重心是现实的、有生命的、历史的个人,他们指明了人应该如何生活、活动,从而获得个体的自由,并走向最终的解放。

(八)《共产党宣言》

《共产党宣言》是马克思、恩格斯的合著,写作于 1847 年 12 月—1848 年 1 月,1848 年 2 月在伦敦出版。《共产党宣言》,是马克思、恩格斯为第一个国际无产阶级政党——共产主义者同盟撰写的一部纲领性文件,是科学共产主义最伟大的纲领性文件,是马克思主义诞生的标志。

在《共产党宣言》中,马克思、恩格斯指出资本对人的独立性和个性的摧残和磨灭:"在资产阶级社会里,资本具有独立性和个性,而活动着的个人却没有独立性和个性。"资本主义生产的是它自身的掘墓人,资产阶级的灭亡和无产阶级的胜利是历史的必然。而随着资产阶级个性和自由的灭亡,才能获得人的真正的个性、独立性和自由:"而资产阶级却要把消灭这种关系说成是消灭个性和自由!说对了。的确,正是要消灭资产者的个性、独立性和自由。"②《共产党宣言》其实是一部对人的真正自由——个体自主性追求的宣

---

① 《马克思恩格斯选集》第 1 卷,北京:人民出版社,1995 年版,第 122 页。
② 《马克思恩格斯选集》第 1 卷,北京:人民出版社,1995 年版,第 287 页。

言,是无产阶级实现人类解放的指南。马克思、恩格斯为自己的理论制定了逻辑的制高点:"代替那存在着阶级和阶级对立的资产阶级旧社会的,将是这样一个联合体,在那里,每个人的自由发展是一切人的自由发展的条件。"① 这个制高点是人的终极关怀,它赋予人们极高的信念和理论支撑,是马克思主义理论的价值旨归。

(九)《〈政治经济学批判〉序言》

1850 年,马克思在伦敦又开始了中断的经济学研究,从此,他把毕生的精力都投入到了经济学研究中。马克思的《政治经济学批判》全书完成于 1869 年 1 月,其中第一分册早在 1859 年 1 月即已完成。《〈政治经济学批判〉序言》是马克思 1859 年 1 月为同年出版的《政治经济学批判》第一分册写作的序言,1859 年 6 月发表在伦敦的《人民报》上。

在《〈政治经济学批判〉序言》中,马克思揭示了社会形态的构成,阐释了社会基本矛盾运动的规律所在:"人们在自己生活的社会生产中发生一定的、必然的、不以他们的意志为转移的关系,即同他们的物质生产力的一定发展阶段相适应的生产关系。这些生产关系的总和构成社会的经济结构,即有法律的和政治的上层建筑竖立其上并有一定的社会意识形式与之相适应的现实基础。物质生活的生产方式制约着整个社会生活、政治生活和精神生活的过程。不是人们的意识决定人们的存在,相反,是人们的社会存在决定人们的意识。"② 马克思指出,社会形态是由生产力、生产关系和经济基础、上层建筑构成的,生产力决定生产关系,经济基础决

---

① 《马克思恩格斯选集》第 1 卷,北京:人民出版社,1995 年版,第 294 页。
② 《马克思恩格斯选集》第 2 卷,北京:人民出版社,1995 年版,第 32 页。

定上层建筑,社会存在决定社会意识,物质生产方式制约着整个社会生活、政治生活和精神生活。同时,马克思认为,生产力和生产关系,经济基础和上层建筑之间的矛盾运动是客观的,不以人的意志为转移的。"我们判断一个人不能以他对自己的看法为根据,同样,我们判断这样一个变革时代也不能以它的意识为根据;相反,这个意识必须从物质生活的矛盾中,从社会生产力和生产关系之间的现存冲突中去解释。无论哪一个社会形态,在它所能容纳的全部生产力发挥出来以前,是决不会灭亡的;而新的更高的生产关系,在它的物质存在条件在旧社会的胎胞里成熟以前,是决不会出现的。所以人类始终只提出自己能够解决的任务。"① 要发展个体自主性就要遵循社会基本矛盾运动规律,人类社会的"自然历史过程"是个体自主性实现的结果。

(十)《资本论》

马克思的《资本论》全称是《资本论·政治经济学批判》,是马克思一生中最伟大的主要理论著作,马克思写这部著作耗费了 40 年的时间。《资本论》第 1 卷出版于 1867 年 9 月,后两卷是在马克思逝世以后由恩格斯负责出版的,第 2 卷于 1885 年出版,第 3 卷于1894 年出版。马克思通过对商品、货币、资本、剩余价值等经济范畴和资本运动逻辑的考察,破解了资本的秘密,揭示了资本主义条件下人的生存状况,那就是物掩盖下的人与人之间的剥削关系,揭示了资本主义社会发展的规律, 从而找到一条人类解放何以可能的现实道路。

《资本论》的核心概念是"资本"。在古典经济学家那里,资本被

---

① 《马克思恩格斯选集》第 2 卷,北京:人民出版社,1995 年版,第 33 页。

理解为物,而没有被理解为关系。在《资本论》第 1 卷中,马克思指出:"资本不是一种物,而是一种以物为中介的人和人之间的社会关系。"①在《资本论》第 3 卷中,马克思更加具体地指出:"资本不是物,而是一定的、社会的、属于一定历史社会形态的生产关系,后者体现在一个物上,并赋予这个物以独特的社会性质。资本不是物质的和生产出来的生产资料的总和。"②正如有学者所言:"《资本论》是马克思主义的'关于现实的人及其历史发展的科学',是马克思主义的关于人类解放的'新世界观'。"③

二、马克思个体自主性思想的特点

从以上的分析我们可以看出,在马克思哲学视域中,"现实的个人"是其理论的出发点,获取人的解放是其理论的价值旨归。马克思告别了以往旧哲学中那种抽象的、空洞的、静止的人,把人当作活生生的、有生命的、历史的个人,并指出个人最终要得到全面自由的发展。马克思是从社会的角度,从整体的、总体的角度探讨个体自主性的,个体自主性就是人的本质特性。

(一)个体自主性就是人的本质特性

在马克思看来,首先,个体的人是自然存在物。

人是自然界的一部分,人靠自然界生活。"无论是在人那里还是在动物那里,类生活从肉体方面说来就在于人(和动物一样)靠无机界生活,而人和动物相比越有普遍性,人赖以生活的无机界的

---

①《马克思恩格斯文集》第 5 卷,北京:人民出版社,2009 年版,第 877—878 页。
②《马克思恩格斯文集》第 7 卷,北京:人民出版社,2009 年版,第 922 页。
③ 孙正聿:《〈资本论〉与马克思主义》,载《学习与探索》2014 年第 1 期。

范围就越广阔。从理论领域说来,植物、动物、石头、空气、光等等,一方面作为自然科学的对象,一方面作为艺术的对象,都是人的意识的一部分,是人的精神的无机界,是人必须事先进行加工以便享用和消化的精神食粮;同样,从实践领域来说,这些东西也是人的生活和人的活动的一部分。人在肉体上只有靠这些自然产品才能生活,不管这些产品是以食物、燃料、衣着的形式还是以住房等等的形式表现出来。在实践上,人的普遍性正是表现为这样的普遍性,它把整个自然界——首先作为人的直接的生活资料,其次作为人的生命活动对象(材料)和工具——变成人的无机的身体。自然界,就它自身不是人的身体而言,是人的无机的身体。人靠自然界生活。这就是说,自然界是人为了不致死亡而必须与之处于持续不断的交互作用过程的、人的身体。所谓人的肉体生活和精神生活同自然界相联系,不外是说自然界同自身相联系,因为人是自然界的一部分。"①

个人有物质性、自然性的一面。人的客观、物质的这一面当然是那些只强调自我意识,只谈观念、思想和概念的黑格尔似的唯心主义所不屑的。但是,别忘了,马克思、恩格斯在《德意志意识形态》中提出:"全部人类历史的第一个前提无疑是有生命的个人的存在。因此,第一个需要确认的事实就是这些个人的肉体组织以及由此产生的个人对其他自然的关系。"同时,"个人是什么样的,这取决于他们进行生产的物质条件"。②人来自自然,生活在自然中,并依赖自然,人是无法抹掉自然性的一面的。

人要通过改造自然来获得物质生产和生活资料。在认识自然

---

① 马克思:《1844 年经济学哲学手稿》,北京:人民出版社,2000 年版,第 56—57 页。
② 《马克思恩格斯选集》第 1 卷,北京:人民出版社,1995 年版,第 67—68 页。

与改造自然的过程中,人与自然产生了物质能量交换。在长期的劳动与实践中,一方面,人们利用自然资源获得生存和发展的能量,另一方面,人们也不断地把自我意识、主观愿望纳入改造自然的过程中。这样,人的"自然性"和自然的"属人性"就共同凸现出来了,自在自然就转变成了人化自然。人与自然的关系就成了你中有我、我中有你,密不可分的了。正如马克思所说的:"人和自然界的实在性,即人对人来说作为自然界的存在以及自然界对人来说作为人的存在,已经成为实际的、可以通过感觉直观的。"① 而这种人与自然的普遍联系的观点,正是对旧唯物主义认为的自然界远离于人、与人无关的缺陷的纠正与克服。因为马克思认为:"被抽象地理解的,自为的,被确定为与人分隔开来的自然界,对人来说也是无。"②

其次,个体的人是社会存在物。

马克思认为,人们在生产中不仅仅影响自然界,而且也互相影响。"他们只有以一定的方式共同活动和互相交换其活动,才能进行生产。为了进行生产,人们相互之间便发生一定的联系和关系;只有在这些社会联系和社会关系的范围内,才会有他们对自然界的影响,才会有生产。"③ 人要进行生产,不是靠自己单枪匹马去完成,而是必然要结成联盟、形成集体,共同活动。也就是说,人的生产必然会形成社会联系和社会关系,人们是在改造自然、影响自然中形成社会联系和社会关系的。

马克思在《1844年经济学哲学手稿》中就明确提出个体是社会存在物。他说:"首先应当避免重新把'社会'当作抽象的东西同个

① 马克思:《1844年经济学哲学手稿》,北京:人民出版社,2000年版,第92页。
② 马克思:《1844年经济学哲学手稿》,北京:人民出版社,2000年版,第116页。
③ 《马克思恩格斯选集》第1卷,北京:人民出版社,1995年版,第344页。

体对立起来。个体是社会存在物。因此,他的生命表现,即使不采取共同的、同他人一起完成的生命表现这种直接形式,也是社会生活的表现和确证。人的个体生活和类生活不是各不相同的,尽管个体生活的存在方式是——必然是——类生活的较为特殊的或者较为普遍的方式,而类生活是较为特殊的或者较为普遍的个体生活。"① 人是个体与类的统一体。个人只有生活在社会中、生活在类活动中才能安身立命。人的个体与类的存在和发展,也就延续了社会的前进与发展,而也正是有了社会的延续与发展,人的个体与类才得以绵延不绝。社会发展的历史同时也是个体发展的历史。

马克思在《关于费尔巴哈的提纲》中,针对人的本质,提出了一个著名的论断:"人的本质不是单个人所固有的抽象物,在其现实性上,它是一切社会关系的总和。"② 在《德意志意识形态》中,马克思、恩格斯也提出:"每个个人和每一代所遇到的现成的东西:生产力、资金和社会交往形式的总和,是哲学家们想象为'实体'和'人的本质'的东西的现实基础。"③

在这里,马克思强调的是"一切社会关系"而不是部分或某些关系,这就是马克思唯物史观的核心所在,"一切社会关系"指的就是生产力决定生产关系,经济基础决定上层建筑这一规律,也就是社会基本矛盾规律支配下形成的全部社会关系。"人们在自己生活的社会生产中发生一定的、必然的、不以他们的意志为转移的关系,即同他们的物质生产力的一定发展阶段相适合的生产关系。这些生产关系的总和构成社会的经济结构,即有法律的和政治的上层建筑竖立其上并有一定的社会意识形式与之相适应的现实基

---

① 马克思:《1844 年经济学哲学手稿》,北京:人民出版社,2000 年版,第 84 页。
② 《马克思恩格斯选集》第 1 卷,北京:人民出版社,1995 年版,第 56 页。
③ 《马克思恩格斯选集》第 1 卷,北京:人民出版社,1995 年版,第 92—93 页。

础。物质生活的生产方式制约着整个社会生活、政治生活和精神生活的过程。不是人们的意识决定人们的存在，相反，是人们的社会存在决定人们的意识。社会的物质生产力发展到一定阶段，便同它们一直在其中运动的现存生产关系或财产关系（这只是生产关系的法律用语）发生矛盾。于是这些关系便由生产力的发展形式变成生产力的桎梏。那时社会革命的时代就到来了。随着经济基础的变革，全部庞大的上层建筑也或慢或快地发生变革。"①个体自主性的生成与发展必须遵循这一社会基本矛盾规律。"社会关系的总和"是包含多层面的结构整体，各种经济结构、政治结构、文化结构在其中互相联系、互相影响。"当我们深思熟虑地考察自然界或人类历史或我们自己的精神活动的时候，首先呈现在我们眼前的，是一幅由种种联系和相互作用无穷无尽地交织起来的画面"。②整个社会就好像是由各种各样的社会关系编制的一张网，而个人就是网上的纽结。当然，个人在这张"社会之网"面前，并不是被动和静止的，如果个人发挥了自主性，他就会根据自己的尺度去调整、变更社会关系。

再次，个体的人是有意识的、自由的类存在物。

马克思反复使用"类""类本质"和"类存在"概念，这些概念的使用已经和费尔巴哈截然不同。马克思指出，人是有意识的存在物，人们是通过对象世界的改造活动来证明自己的。"通过实践创造对象世界，改造无机界，人证明自己是有意识的类存在物，就是说是这样一种存在物，它把类看作自己的本质，或者说把自身看作类存在物。诚然，动物也生产。它为自己营造巢穴或住所，如蜜蜂、

①《马克思恩格斯选集》第2卷，北京：人民出版社，1995年版，第32—33页。
②《马克思恩格斯选集》第3卷，北京：人民出版社，1995年版，第359页。

海狸、蚂蚁等。但是,动物只生产它自己或它的幼仔所直接需要的东西;动物的生产是片面的,而人的生产是全面的;动物只是在直接的肉体需要的支配下生产, 而人甚至不受肉体需要的影响也进行生产,并且只有不受这种需要的影响才进行真正的生产;动物只生产自身,而人再生产整个自然界;动物的产品直接属于它的肉体,而人则自由地面对自己的产品。动物只是按照它所属的那个种的尺度和需要来构造,而人懂得按照任何一个种的尺度来进行生产,并且懂得处处都把固有的尺度运用于对象;因此,人也按照美的规律来构造。"①人与动物不同,人的活动是有目的、有意识的,是对象性的活动,所以,人的生产是全面的。这种生产的全面性,表现在人们既使用内在尺度又使用外在尺度来进行对象性活动,人还能按照美的规律来进行生产,在对象面前展示自己的自主性、能动性和创造性。人们在改造世界之前,先会设想对象,按照自己的意愿去改变对象世界。也就是说,人们在改造对象之前,已经在意识中存在有如何改造对象的模型,并已经观念地存在着整个劳动的过程,人们在生产时,就会沿着自己的思路和设想的模型去改造对象。

"蜘蛛的活动与织工的活动相似,蜜蜂建筑蜂房的本领使人间的许多建筑师感到惭愧。但是,最蹩脚的建筑师从一开始就比最灵巧的蜜蜂高明的地方,是他在用蜂蜡建筑蜂房以前,已经在自己的头脑中把它建成了。劳动过程结束时得到的结果,在这个过程开始时就已经在劳动者的想象中存在着,即已经观念地存在着。他不仅使自然物发生形式变化,同时他还在自然物中实现自己的目的,这个目的是他所知道的, 是作为规律决定着他的活动的方式和方法的,他必须使他的意志服从这个目的。"②正是在这个劳动过程中,

① 马克思:《1844 年经济学哲学手稿》,北京:人民出版社,2000 年版,第 57—58 页。
② 《马克思恩格斯选集》第 2 卷,北京:北京:人民出版社,1995 年版,第 178 页。

人们证明自己与动物有着本质的不同，证明了人是有意识的类存在物。"作为类意识，人确证自己的现实的社会生活，并且只是在思维中复现自己的现实存在；反之，类存在则在类意识中确证自己，并且在自己的普遍性中作为思维着的存在物自为地存在着"。①

同时，人是普遍的因而也是自由的存在物。"人是类存在物，不仅因为人在实践上和理论上都把类——他自身的类以及其他物的类——当作自己的对象；而且因为——这只是同一件事情的另一种说法——人把自身当作现有的、有生命的类来对待，因为人把自身当作普遍的因而也是自由的存在物来对待。"② 可以说，自由是马克思现实的个人所具有的内在规定性，自由是人们追求的终结目标。人的自由与个体自主性是密切相关的。人们能自主地做出判断、做出选择，这是迈向自由的第一步。重要的一点，人们还必须认识客观世界发展规律、遵循客观世界发展规律，这样，才能使自己从事的实践活动变得积极和自觉。正如恩格斯在《反杜林论》中所说的："意志自由只是借助于对事物的认识来做出决定的能力。因此，人对一定问题的判断越是自由，这个判断的内容所具有的必然性就越大；而犹豫不决是以不知为基础的，它看来好像是在许多不同的和相互矛盾的可能的决定中任意进行选择，但恰好由此证明它的不自由，证明它正好被本该由它支配的对象所支配。因此，自由就在于根据对自然界的必然性的认识来支配我们自己和外部自然；因此它必然是历史发展的产物。"③ 人对客观规律认识越深刻，人的自主性越强，人改造对象世界的能力也就越强，人便越自由。

---

① 马克思：《1844 年经济学哲学手稿》，北京：人民出版社，2000 年版，第 84 页。
② 马克思：《1844 年经济学哲学手稿》，北京：人民出版社，2000 年版，第 56 页。
③ 《马克思恩格斯选集》第 3 卷，北京：人民出版社，1995 年版，第 455—456 页。

所以说，个体自主性是人的本质特性。个体的自由的有意识的活动，即个体自主性构成了人的类特性。"一个种的整体特性、种的类特性就在于生命活动的性质，而自由的有意识的活动恰恰就是人的类特性。"①

(二)个体自主性是在总体性的考察中凸显的

从前面的分析可以看到，马克思认为，个体的人是自然存在物，个体的人是社会存在物，个体的人是自由的类存在物，个体自主性作为人的本质特性存在。可以说，马克思是在总体性视域中考察人，从而得出这一系列观点的。

总体性方法，是马克思主义研究人、把握人、解放人的科学范式。卢卡奇评价说，总体范畴的统治地位，是科学中的革命原则的支柱："不是经济动机在历史解释中的首要地位，而是总体的观点，使马克思主义同资产阶级科学有决定性的区别。总体范畴，整体对各个部分的全面的、决定性的统治地位，是马克思取自黑格尔并独创性地改造成为一门全新科学的基础的方法的本质。"②总体，即整体对部分具有优先性和决定性。

总体性是一种方法，一种革命的辩证法，马克思正是运用总体性方法来考察人、研究社会和历史，从而与旧哲学、与资产阶级哲学有了本质的不同。从表面上看，资产阶级哲学家也自觉或不自觉地从个人的观点来考察社会现象，但他们不会使用总体性的方法，使得他们研究的人成为孤立的、抽象的人，他们得到的只是局部的、与事实无关联的规律。正如卢卡奇所说的："只有当进行设定的

---

① 马克思：《1844 年经济学哲学手稿》，北京：人民出版社，2000 年版，第 57 页。
② 〔匈〕卢卡奇：《历史与阶级意识——关于马克思主义辩证法的研究》，杜章智、任立、燕宏远译，北京：商务印书馆，1992 年版，第 76 页。

主体本身是一个总体时,对象的总体才能加以设定;所以,为了进行自我思考,只有不得不把对象作为总体来思考时,才能设定对象的总体。"①

古典经济学的庸俗化学者始终都是从个别资本家的观点考察资本主义的发展,马克思正是要与这种方法决裂,抛弃虚假问题,解决历史上一直无法解决的问题——人的真正解放的问题, 从整体上、根本上改变社会,铲除剥削与压迫。马克思把整体的资产阶级和无产阶级的问题看成是整体的资本主义社会问题,无产阶级是资本主义社会里的主体,无产阶级通过自主意识的觉醒,认识自身的本质,把握"武器的革命"和"革命的武器",获得解放,实现主客体的统一,真正走上个体全面、自主发展的道路。"任何人的职责、使命、任务就是全面地发展自己的一切能力"。②

马克思在《1844年经济学哲学手稿》中指出:"人是一个特殊的个体,并且正是他的特殊性使他成为一个个体,成为一个现实的、单个的社会存在物,同样,他也是总体,观念的总体,被思考和被感知的社会的自为的主体存在, 正如他在现实中既作为对社会存在的直观和现实享受而存在, 又作为人的生命表现的总体而存在一样。"③正是在个体与总体的统一视域中,人才能被全面地认识,才能凸显人的真实问题,从而去解决这些问题,使人走上正确发展之路。人是社会的存在物,在其现实性上,人是一切社会关系的总和。

现实中的人,必然会和自然界、社会历史条件以及其他的人发生各种各样的联系, 人就是生活在这样纷繁复杂的社会关系总和

---

① 〔匈〕卢卡奇:《历史与阶级意识——关于马克思主义辩证法的研究》,杜章智、任立、燕宏远译,北京:商务印书馆,1992年版,第78页。

② 《马克思恩格斯全集》第3卷,北京:人民出版社,1960年版,第330页。

③ 马克思:《1844年经济学哲学手稿》,北京:人民出版社,2000年版,第84页。

中,人总走不出这张社会关系总和之网。人本身就是一个复杂的系统,各种社会关系也会反映在人身上。人不可能孤立地生活在犹如鲁滨逊漂流到的孤岛上。正如马克思所言:"孤立的一个人在社会之外进行生产——这是罕见的事情。""这种罕见的事情"是"被斯密和李嘉图当作出发点的单个人的孤立的猎人和渔夫,属于十八世纪的缺乏想象力的虚构,这是鲁宾逊一类的故事"。①

马克思认为,人要作为一个完整的人,就要占有自己全面的本质;同时,人的发展是自由、全面的发展。"为了人并且通过人对人的本质和人的生命、对象性的人和人的作品的感性的占有,不应当仅仅被理解为直接的、片面的享受,不应当仅仅被理解为占有、拥有。人以一种全面的方式,就是说,作为一个完整的人,占有自己的全面的本质。"②要真正认识人,就必须把人作为完整的人、全面的人来认识;要发展人,就必须把人作为社会的人、自由的人来看待。人要占有自己的本质,也就是成为一个完整的、全面的、自主的人。

马克思的总体观和黑格尔的总体观有着本质的区别。黑格尔的总体是精神的总体,而马克思所理解的个人的全面性不是在绝对理念中实现的,而是要在现实的各种社会联系中实现的。在马克思的总体观里,个体与类、整体,主观与客观是辩证统一,所以人的劳动是全面的,人的目的也是追求全面的。"个人的全面性不是想象的或设想的全面性,而是他的现实联系和观念联系的全面性。"③

马克思视域中的人不是抽象的、孤立的、片面的、单向度的人,而是现实的、全面的、完整的、总体的人。从孤立的、抽象的、单一

① 《马克思恩格斯全集》第30卷,北京:人民出版社,1995年版,第25、22页。
② 马克思:《1844年经济学哲学手稿》,北京:人民出版社,2000年版,第84页。
③ 《马克思恩格斯全集》第30卷,北京:人民出版社,1995年版,第541页。

的、片面的角度出发去审视人，那么这种理论就是在虚构人的本质、虚构人的社会，用它来指导行动，人类的幸福与自由就会犹如童话故事一般美丽但遥不可及，又会犹如空中楼阁一样成为幻象而不能实现。"共产主义所造成的存在状况，正是这样一种现实基础，它使一切不依赖于个人而存在的状况不可能发生，因为这种存在状况只不过是各个人之间迄今为止的交往的产物。"①

(三)个体自主性思想是生成性思维的产物

李文阁先生认为，近代哲学是一种科学世界观和本质主义思维，而现代哲学则是一种生活世界观和生成性思维。从近代哲学到现代哲学即从抽象的科学世界向现代的生活世界的回归，回归生活世界是现代哲学的基本精神。与现代西方的某些哲学家注重日常生活或精神生活不同，马克思所理解的生活世界是以实践为基础的物质生活与精神生活、日常生活与非日常生活的统一。②

生成性思维就是对主客两分思维和解构思维的扬弃。生成性思维克服了主客两分思维对绝对抽象性的追求，它要寻求一种相对具体的原则。对于解构思维中没有绝对只有相对的主张，生成性思维认为共识有存在的必要性和可能性。生成性思维在承认单个人的价值的基础上，更认为人是一切社会关系的总和，社会性是人的本质。因此，马克思的"新唯物主义"的立足点，始终是"人类社会"和"社会化的人类"。马克思并不热衷建立一套所谓的哲学体系，马克思为人类寻求的是走向自由全面发展的道路，他的出发点是人，落脚点依旧是人。

---

① 《马克思恩格斯选集》第1卷,北京:人民出版社,1995年版,第122页。
② 参见李文阁:《回归现实生活世界》,北京:中国社会科学出版社,2002年版。

　　李文阁先生认为："马克思为我们所提供的不是这样或那样的具体结论,而是一种生成性思维。此种思维的特点是:以人的生成为出发点和最高诉求,以回归现实生活为致思趋向,用生成的眼光来观察世界。"① 马克思正是从现实的个人出发,把个人置于现实生活世界之中,置于整个世界历史过程中,马克思的个体自主性思想才会那么鲜明、那么突出。

　　马克思在《德意志意识形态》中指出:"费尔巴哈设定的是'一般人',而不是'现实的历史的人'。"② "一般人"和"普遍的个人"是不能取代现实的、历史的、具体的、活生生的个人的。马克思认为:"人是肉体的、有自然力的、有生命的、现实的、感性的、对象性的存在物,这就等于说,人有现实的、感性的对象作为自己本质的即自己生命表现的对象;或者说,人只有凭借现实的、感性的对象才能表现自己的生命。"③ 马克思不满意抽象的自我意识哲学无关现实的流弊,他要做的就是从根本上颠覆整个欧洲的思想传统,追求对象性关系的全面生成、个人社会关系的丰富发展的理想社会。马克思要把哲学从思维领域的纯粹思辨与抽象引入研究现实人的生存,并导向回归现实生活世界的领域中来。再者,马克思把世界与历史看成是一个过程,一个变化发展的过程。"世界不是既成事物的集合体,而是过程的集合体"。④ 历史的"主体"是受社会生活条件制约的现实的个人,而不是脱离现实生活规定性的抽象的人。"整个所谓世界历史不外是人通过人的劳动而诞生的过程,是自然界对人来说的生成过程"。⑤ 在这里,人的劳动是一个动态连续发展的

① 李文阁:《马克思的思维方式》,载《教学与研究》2002 年第 8 期。
② 《马克思恩格斯选集》第 1 卷,北京:人民出版社,1995 年版,第 75 页。
③ 马克思:《1844 年经济学哲学手稿》,北京:人民出版社,2000 年版,第 105—106 页。
④ 《马克思恩格斯选集》第 4 卷,北京:人民出版社,1995 年版,第 244 页。
⑤ 《马克思恩格斯文集》第 1 卷,北京:人民出版社,2009 年版,第 196 页。

过程,世界与历史也是一个动态连续发展的过程。人的个体自主性也正是在这个动态连续的过程中生成与发展。而正是人的实践,支撑了这个世界与历史的动态连续发展的过程;正是人的实践,才能最终使人的个体自主性得以生成与发展。

三、实践是通向个体自主性的桥梁

镌刻在马克思墓志铭上的是马克思的那句名言:"哲学家们只是用不同的方式解释世界,问题在于改变世界。"俞吾金先生认为:"马克思在理解和诠释活动中发动了一场'哥白尼式的革命'","而这一革命的主旨则是确立实践在人的全部理解和诠释活动中的轴心作用。在这个意义上,我们不妨把马克思的诠释学理论称之为'实践诠释学'"。①实践贯穿于马克思的世界观、认识论、方法论、价值论、历史观中,使马克思哲学成为一个自洽的体系。正是实践,使个体自主性的生成在历史上成为了可能。

(一)马克思实现了理论与实践的真正统一

早在古希腊时期,亚里士多德就提出了实践的概念。亚里士多德将人类的活动划分为理论、实践和创制三种基本方式。理论指求知自然的普遍性与必然性原理的思想活动,实践指追求伦理德性和政治公正的行动,创制指生产生活资料的劳动。理论、实践和创制三者之间是有区别,从事这三项活动的主体也不同。理论与实践都以自身为目的,属于自由的活动,是自由人从事的活动;而创制

---

① 俞吾金:《实践诠释学——重新解读马克思哲学与一般哲学理论》,昆明:云南人民出版社,2001年版,第5页。

属于不自由的活动,以其产品为目的而以自身为手段,主要是奴隶从事的活动。理论属于智慧的最高层次,实践活动在价值上次于理论活动而高于创制活动。马克思实践观是对亚里士多德实践观的继承和发展。有学者认为:"马克思的实践观从外延看既包括亚里士多德的实践也包括他所说的创制;其实质是劳动在价值上的实践化和实践在本质上的生产化。"①

康德在西方哲学界里首先提出了实践高于理论的观点。康德所要建立的是一个人人自由平等的道德理想国。他提出"在任何情况下把人当作目的,决不只当作工具"②的思想,把人的尊严与人格摆在了重要位置上,但康德提出的实践只是局限在道德政治领域。同时,康德采用的是二元论的方法论,把物自体和现象做了二元划分。这样,建立在这一方法论基础之上的康德实践观虽然认为实践高于理论,但在这一体系中,实践和理论是分离的,得不到有机的统一。可想而知,康德所要建立的理想国也无法得以实现。

黑格尔一方面接纳了康德实践高于理论的观点,一方面又批判了康德哲学的空洞性,把实践观提升到认识论的范畴,认为只有把实践和认识相统一,才能达致客观真理。但是,黑格尔哲学最致命的缺陷就在于认为世界历史、自然发展过程是绝对精神的自我展现和自我认识的过程。黑格尔的实践观就是建立在这一唯心主义基础之上的,他把实践看作是绝对精神自我发展在认识实现形式上的一个必经环节。实践在黑格尔那里虽然是一种活动过程,但它只是绝对理念的精神活动,而不是现实的、感性的活动本身。所以,马克思在《哲学的贫困》中批判黑格尔道:"黑格尔认为,

① 徐长福:《劳动的实践化和实践的生产化——从亚里士多德传统解读马克思的实践概念》,载《学术研究》2003年第11期。
② 〔德〕康德:《道德形而上学基础》,北京:商务印书馆,1959年版,第43页。

世界上过去发生的一切和现在还在发生的一切,就是他自己的思维中发生的一切。因此,历史的哲学仅仅是哲学的历史,即他自己的哲学的历史。"①

费尔巴哈也赋予了实践很高的地位。费尔巴哈认为,人只有在自己的生活实践中才能理解外部世界的实在性,从而确证思维和存在、理论和实践的统一性。但是,费尔巴哈不了解"革命的""实践批判的"活动的意义。正如马克思所说:费尔巴哈"对于实践则只是从它的卑污的犹太人的表现形式去理解和确定",②他只是从客体的或者直观的形式去理解对象、现实和感性。费尔巴哈所强调的理论与实践的、思维和存在的统一只是思维中感性直观的形式统一,实质上,费尔巴哈哲学仍旧停留在理论的领域,而没有达致实践的领域。所以,马克思和恩格斯在《德意志意识形态》中批判费尔巴哈把人只看作是"感性对象",而不是"感性活动",费尔巴哈哲学"仍然停留在理论的领域内,没有从人们现有的社会联系,从那些使人们成为现在这种样子的周围生活条件来观察人们——这一点且不说,他还从来没有看到现实存在着的、活动的人,而是停留于抽象的'人',并且仅仅限于在感情范围内承认'现实的、单个的、肉体的人',也就是说,除了爱与友情,而且是观念化了的爱与友情以外,他不知道'人与人之间'还有什么其他的'人的关系'"。③

马克思对从亚里士多德以来的西方实践哲学做了扬弃,创立了实践唯物主义。"马克思的实践思想在西方哲学史上不是断裂式的革命,而是对亚里士多德所开创的西方实践哲学传统的综

① 《马克思恩格斯选集》第1卷,北京:人民出版社,1995年版,第141页。
② 《马克思恩格斯选集》第1卷,北京:人民出版社,1995年版,第54页。
③ 《马克思恩格斯选集》第1卷,北京:人民出版社,1995年版,第78页。

合创新。"①马克思实践哲学对传统哲学进行了深刻的反思与批判,克服了传统哲学二元对立的思维模式,创立了辩证的思维方式。通过实践路径,马克思与唯心主义、从前的一切唯物主义(包括费尔巴哈的唯物主义)做了决裂,马克思从事的是"革命的""实践批判的"活动。而这种"革命的""实践批判的"活动是一种通向人类解放的手段,是要使人成为目的的真正有效的手段。

马克思首要的任务就是要解决理论与实践脱节的问题。在马克思这里,理论与实践的统一、思维和存在的统一必须是在改造客观世界的物质性活动基础上的能动的统一。"理论的对立本身的解决,只有通过实践方式,只有借助于人的实践力量,才是可能的;因此,这种对立的解决绝对不只是认识的任务,而是现实生活的任务,而哲学未能解决这个任务,正是因为哲学把这仅仅看作理论的任务。"②

费尔巴哈是从上帝推进到"人"的,费尔巴哈的"人"是从上帝引申出来的,黑格尔则是从虚无引申出"人"。而马克思哲学是从我,从经验的、有血有肉的个人出发。"简言之,如果要使我们的思想,尤其是要使我们的'人'成为某种真实的东西,我们就必须从经验主义和唯物主义出发;我们必须从个别物中引申出普遍物,而不要从本身中或者像黑格尔那样从虚无中去引申。"③只要人不是以经验的人为基础,那么他始终是一个虚幻的形象。马克思、恩格斯在《德意志意识形态》中批判了青年黑格尔派玄想家们满口讲的都是所谓观念、思想、概念、意识这些"震撼世界的"词句,却是最大的保守派。马克思要反对的不是这些词句,而是要反对现实的现存

---

① 徐长福:《劳动的实践化和实践的生产化——从亚里士多德传统解读马克思的实践概念》,载《学术研究》2003年第11期。

② 马克思:《1844年经济学哲学手稿》,北京:人民出版社,2000年版,第88页。

③ 《马克思恩格斯文集》第10卷,北京:人民出版社,2009年版,第25页。

世界。他的哲学不仅要解释世界,更重要的是改变世界。"对实践的唯物主义者即共产主义者来说,全部问题都在于使现存世界革命化,实际地反对并改变现存的事物。"① 在这里,个体自主性的获得不能只停留在概念的纠缠与理论的虚假中,而是要到实实在在的现实世界中去才能实现。"思想本身根本不能实现什么东西。思想要得到实现,就要有使用实践力量的人。"② 马克思、恩格斯要清除旧哲学里那些只讲实体、主体、自我意识和纯批判的无稽之谈,他们认为只在概念、思想层面谈论的解放是虚幻、虚假的解放,只有在现实的世界中并使用现实的手段才能实现真正的解放。正如马克思、恩格斯在《德意志意识形态》中所说:"如果他们把哲学、神学、实体和一切废物消融在'自我意识'中,如果他们把'人'从这些词句的统治下——而人从来没有受过这些词句的奴役——解放出来,那么'人'的'解放'也并没有前进一步……'解放'是一种历史活动,不是思想活动。"③

马克思的实践哲学并不是要放弃解释世界的功能,也不是要否认理论的重要性。马克思在《〈黑格尔法哲学批判〉导言》中就指出:"批判的武器当然不能代替武器的批判,物质力量只能用物质力量来摧毁;但是理论一经掌握群众,也会变成物质力量。理论只要说服人,就能掌握群众;而理论只要彻底,就能说服人。所谓彻底,就是抓住事物的根本。"④ 批判的武器——理论不能代替武器的批判,但理论可以转换成物质力量。理论解释世界的目的是为了改变世界,解释世界是改变世界的一个环节。理论和实践要互相结

---

① 《马克思恩格斯选集》第1卷,北京:人民出版社,1995年版,第75页。
② 《马克思恩格斯文集》第1卷,北京:人民出版社,2009年版,第320页。
③ 《马克思恩格斯选集》第1卷,北京:人民出版社,1995年版,第74页。
④ 《马克思恩格斯选集》第1卷,北京:人民出版社,1995年版,第9页。

合,解释世界与改变世界也不能分割开来。离开实践的理论活动是虚假的,没有意义的,实践是理论的来源和检验标准。但是没有理论指导的实践活动也容易走向盲目而导致失败。

马克思的实践哲学超越了以往的理论哲学,只有在马克思创立的辩证思维和实践哲学体系中,理论与实践才得到了真正的、有机的结合。

(二)实践是个体自主性生成的前提和基础

与以往的一切旧哲学根本不同,马克思哲学把实践的观点作为首要的基本的观点,创立了科学的实践观。马克思哲学思维方式的根本变革,反映在从理论哲学向实践哲学的转变中。在《德意志意识形态》中,马克思就把自己的理论明确地定义"实践的唯物主义"。马克思认为,正是实践活动,特别是生产活动,造就了人所生存的现实世界,而现实的个人是在现实世界和历史中生成的。可以说,实践构成了人的生命活动,构成了全部历史的演进。

马克思哲学理论的出发点是"现实的个人",这个"个人"不是"自我意识"里抽象、纯粹的个人,而是生活在现实世界里的活生生的人,是从事物质生产活动的人,并被所在的历史前提条件、生产力条件、社会发展水平制约的人。人一旦开始生产自己的生活资料,就开始了人与人的物质生活交往。马克思把主体能动的、自主的、创造性的实践活动作为人的全部社会生活的本质。正如马克思在《关于费尔巴哈的提纲》中指明:"全部社会生活在本质上是实践的。凡是把理论引向神秘主义的神秘的东西,都能在人的实践中以及对这个实践的理解中得到合理的解决。"[①] 个体自主性的获得必

---

① 《马克思恩格斯选集》第 1 卷,北京:人民出版社,1995 年版,第 56 页。

须而且只能依靠实践,实践是通向个体自主性的唯一路径,实践是个体自主性生成的前提和基础。

通过实践,人与动物区别开来,成为万物之灵,成为类存在物。"动物和自己的生命活动是直接同一的。动物不把自己同自己的生命活动区别开来。它就是自己的生命活动。人则使自己的生命活动本身变成自己意志的和自己意识的对象。他具有有意识的生命活动。这不是人与之直接融为一体的那种规定性。有意识的生命活动把人同动物的生命活动直接区别开来。正是由于这一点,人才是类存在物。或者说,正因为人是类存在物,他才是有意识的存在物,就是说,他自己的生活对他来说是对象。仅仅由于这一点,他的活动才是自由的活动。""通过实践创造对象世界,改造无机界,人证明自己是有意识的类存在物,就是说是这样一种存在物,它把类看作自己的本质,或者说把自身看作类存在物。"①

通过实践,人确立了自己的主体性地位。马克思在《1844年经济学哲学手稿》中有这样精辟的论述:"一个存在物如果在自身之外没有自己的自然界,就不是自然存在物,就不能参加自然界的生活。一个存在物如果在自身之外没有对象,就不是对象性的存在物。一个存在物如果本身不是第三存在物的对象,就没有任何存在物作为自己的对象,就是说,它没有对象性的关系,它的存在就不是对象性的存在。非对象性的存在物是非存在物。"②对象性关系就存在于"主体—客体"之间,"主体—客体"之外不存在对象性关系。而作为主体的人,必须是在这个"主体—客体"的模式之中才能确立自己的存在。

---

① 马克思:《1844年经济学哲学手稿》,北京:人民出版社,2000年版,第57页。
② 马克思:《1844年经济学哲学手稿》,北京:人民出版社,2000年版,第106页。

同时，马克思认为，"生产不仅为主体生产对象，而且也为对象生产主体。"①人类通过对象性实践活动，使对象主体化，同时，把客体内化为自己的本质力量。主体与客体是对立统一的关系，二者在相互统一、相互作用、相互转化的联系中确定彼此的存在与本质规定性。脱离开客体，主体便不成为主体；同样，脱离开主体，也就没有所谓的客体。实践是主体客体化和客体主体化的统一过程。那么，在这里，对象性的实践活动就是至关重要的，没有实践，就没有"主体—客体"模式的存在，主体的地位无法确立，更奢谈实现个体自主性。

马克思认为："人对世界的任何一种人的关系——视觉、听觉、嗅觉、味觉、触觉、思维、直观、情感、愿望、活动、爱，——总之，他的个体的一切器官，正像在形式上直接是社会的器官的那些器官一样，是通过自己的对象性关系，即通过自己同对象的关系而对对象的占有，对人的现实的占有；这些器官同对象的关系，是人的现实的实现（因此，正像人的本质规定和活动是多种多样的一样，人的现实也是多种多样的），是人的能动和人的受动，因为按人的方式来理解的受动，是人的一种自我享受。"②人要以个体自主性存在，就在于人通过自身的对象性实践活动去创造了一个完整的、属人的现实生活世界。马克思对传统的意识哲学进行批判，目的就是找到意识形态得以产生的现实基础，让哲学回归现实的生活世界之中，让人的个体自主性得到真正的实现。

(三)从异化劳动到个人的自主活动

人正是在改造对象世界的实践中，证明了自己的存在，证明了

---

① 《马克思恩格斯选集》第 2 卷，北京：人民出版社，1995 年版，第 10 页。
② 马克思：《1844 年经济学哲学手稿》，北京：人民出版社，2000 年版，第 85 页。

自己是类存在物。而异化劳动,也就是在资本社会里的劳动是把这种关系颠倒过来了,人把自己的生命活动、自己的本质变成维持自己生存的手段,人也就变成了工具而无法达到目的。马克思的《1844年经济学哲学手稿》研究问题的切入点是异化劳动。马克思指出:"正是在改造对象世界中,人才真正地证明自己是类存在物。这种生产是人的能动的类生活。通过这种生产,自然界才表现为他的作品和他的现实。因此,劳动的对象是人的类生活的对象化:人不仅像在意识中那样在精神上使自己二重化,而且能动地、现实地使自己二重化,从而在它所创造的世界中直观自身。因此,异化劳动从人那里夺去了他的生产的对象,也就从人那里夺去了他的类生活,即他的现实的类对象性,把人对动物所具有的优点变成缺点,因为从人那里夺走了他的无机的身体即自然界。"①异化劳动把个体自主性贬低为手段。在资本主义社会里,劳动活动本身是异化的、外化的。工人的活动不是他的自主活动,他的活动属于别人,而这种活动导致他自身的丧失。

在资本社会里"死劳动"(物)支配"活劳动"(人),资本本质上就是一种颠倒的、异化的、畸形的社会关系,物、商品、资本支配了人,人无法获得自主性和创造性。马克思在《1844年经济学哲学手稿》中对此有形象的描述:"工人在他的对象中的异化表现在:工人生产得越多,他能够消费的越少;他创造的价值越多,他自己越没有价值、越低贱;工人的产品越完美,工人自己越畸形;工人创造的对象越文明,工人自己越野蛮;劳动越有力量,工人越无力;劳动越机巧,工人越愚笨,越成为自然界的奴隶。"②恩格斯在《反杜林论》中也指出:在资本主义社会里,"不仅是工人,而且直接或间接剥

① 马克思:《1844年经济学哲学手稿》,北京:人民出版社,2000年版,第58页。
② 马克思:《1844年经济学哲学手稿》,北京:人民出版社,2000年版,第53页。

削工人的阶级，也都因分工而被自己用来从事活动的工具所奴役……一切有'教养的等级'都为各式各样的地方局限性和片面性所奴役，为他们自己的肉体上和精神上的短视所奴役，为他们的由于接受专门教育和终生从事一个专业而造成的畸形发展所奴役"。①正如马克思所言："这一事实无非是表明，劳动所生产的对象，即劳动产品，作为一种异己的存在物，作为不依赖于生产者的力量，同劳动相对立。劳动的产品是固定在某个对象中的、物化的劳动，这就是劳动的对象化。劳动的现实化就是劳动的对象化。在国民经济学假定的状况中，劳动的这种现实化表现为工人的非现实化，对象化表现为对象的丧失和被对象奴役，占有表现为异化、外化。"②

　　在现代社会中，一方面，劳动日益成为实践的主导样式，另一方面，劳动越来越被技术和资本所控制，这就是马克思创立异化劳动理论的现实背景。劳动是社会实践的最基本形式。劳动创造了人本身，劳动创造了人的对象性世界。人的劳动本来应该是一种自由自觉的活动过程。马克思要做的就是对异化劳动进行积极的扬弃。"马克思的价值目标是'个人的高度发展'。人的类能力的发展来自'个人自主活动'，却又以对个体的驾驭取得某种纯粹独立的外观，——在相当长时间里，它既以个体的牺牲为代价，又为个人的高度发展创造条件，——这一深刻的文化意识酝酿了马克思的'劳动异化'，（'人的自我异化'）的范畴。"③

　　马克思的"实践活动主体性"理论把人作为社会实践活动的主体，人通过社会实践活动来驾驭自己以及驾驭世界，这就是马克思追求的充分的、不受限制的"个人自主活动"。这正如马克思、恩格

---

① 《马克思恩格斯选集》第3卷，北京：人民出版社，1995年版，第642—643页。
② 马克思：《1844年经济学哲学手稿》，北京：人民出版社，2000年版，第52页。
③ 黄克剑：《"个人自主活动"与马克思历史观》，载《中国社会科学》1988年第5期。

斯在《德意志意识形态》所言:"只有完全失去了整个自主活动的现代无产者,才能够实现自己的充分的、不再受限制的自主活动,这种自主活动就是对生产力总和的占有以及由此而来的才能总和的发挥。"① 摆脱了异化劳动束缚的无产者,他们的劳动将转化为使个人向完整的个人发展的自主活动。马克思把"个人自主活动"提到了很高的地位,生产力决定交往形式,生产力其实就是个人自主活动的能力,交往形式是个人自主活动所创造出来的。所以有学者认为"个人自主活动""是价值定向,也是逻辑所缘,因此为马克思历史观之慧命所系"。②

"真正为马克思所关切的,是如何用有关历史和文化的'真观念',在对既有的不合理、不人道现实进行实践的批判性反思和革命性改造的意义上,实际地创制一种真正属人的社会现实,让一切有关科学、价值、组织和制度的理论,真正服务于人的自主性活动和自由全面发展的理想。"③ 可见,马克思正是通过现代性生产、制度和现代性的资本逻辑的视角,来揭露人的异化与人的被压迫、被剥削,对人生活于其中的现实制度关系进行无情的批判,从而给予人真正的关注和关怀,让人走向真正的自由与解放。追求人类自由、解放、幸福也就成为马克思哲学的理论特质与价值取向。

四、马克思是真正的人道主义者

马克思哲学是一种生存论哲学,它指向的是人的存在方式的

---

① 《马克思恩格斯选集》第1卷,北京:人民出版社,1995年版,第129页。
② 黄克剑:《人韵———种对马克思的读解》,北京:东方出版社,1996年版,第391页。
③ 袁祖社:《谁之"现实"与何种"合理性"———立足"思想史"的视野对马克思哲学研究所做的审视》,载《学术研究》2010年第2期。

批判。在马克思那里，人类解放就是的"以'现实的个人'为出发点，以无产阶级为物质力量；以'每个人的自由发展'为前提条件，以'一切人的自由发展'为终极指向的现实的自我解放运动"。[①] 和一切虚假的、抽象的人道主义者有着本质的不同，马克思才是真正的人道主义者。

(一)西方人道主义的传统理路

人道主义总是努力恢复人的本质，关注的是怎样把人当作人而不要当作非人。人道主义思想被普遍地描述为"以人类为中心"，将"人"置于中心位置。当然，对"人"的界定又因各种形态及流派的人道主义而异。概括起来说，主要有唯物和唯心两大派别的人道主义主张之分。两大派别人道主义对立和斗争的历史也就是人道主义嬗变和发展的历史，同时也是一个扬弃的过程。通过对现代西方主要形态的人道主义的考察，可以比较清楚地看到这一脉络。透过现代西方社会各种人道主义的理论及观点，有助于我们认识人道主义的历史发展轨迹和实质。

西方人道主义传统，至少有如下几条线索：第一条，存在主义的人道主义的先驱，克尔凯郭尔和尼采。第二条，存在主义的人道主义，主线为世俗存在主义的人道主义，副线为存在主义神学人道主义。存在主义的人道主义沿着两条线索展开：一条是克尔凯郭尔—尼采—雅斯贝尔斯—海德格尔—萨特，另一条为克尔郭凯尔—马丁·布伯—蒂利希等存在主义神学人道主义。第三条，在英美流行的科学主义的人道主义，如赫胥黎等人进化论的人道主义、库尔茨等人世俗的科学主义的人道主义等。第四条，美国实用主义

---

① 刘同舫：《理想与现实之间的人类解放境界》，北京：人民出版社，2013年版，第15页。

的人道主义,主要代表人物是爱默森、威廉·詹姆斯、杜威、皮尔斯等。第五条,西方马克思主义的人道主义,以霍克海默、弗洛姆、马尔库萨、阿多诺等人为代表。[①]

人道主义作为西方哲学的一个重要内容而与西方哲学不可分割。同西方哲学的发展历史一样,倘若将人道主义抽取出来,那么主要形态的人道主义在时间序列依次为宗教人道主义、存在主义的人道主义、实证主义的人道主义、自然主义的人道主义以及伦理人道主义等。它们各有产生的理论根源,发展到了今天,又均有各自的表现。

第一,宗教人道主义。

宗教人道主义可谓是相对古老的人道主义学说。人道主义是一个崇高的字眼,随着人道主义的深入人心,使得各种社会意识形态都努力与人道主义攀亲结缘,为自己贴上人道主义的商标,宗教也不例外。宗教家、神学家以及附属于他们的社会伦理学家为了强调宗教的道德功能,常常把宗教道德和人道主义等同起来。按照他们的说法,神或上帝在各种宗教体系中差不多都是被视为世界和人类的创造者。他们像人的慈祥仁爱的父亲或祖父那样在精心保护着人类——他的子孙。一切人都是神或上帝的子女,神或上帝像爱他的子女那样爱着众人。神的一切作为都充满了对人的爱,这种宗教的博爱意味着对一切人的爱。所以,宗教和宗教道德乃是人道主义道德的基础和核心。

基督教人道主义是宗教人道主义的一个重要部分。早在罗马帝国时期,"善行"和"身心全面训练"便被提升为人道主义的两大

---

① 杜丽燕、尚新建:《回归自我:20世纪西方人道主义与反人道主义》,北京:华夏出版社,2008年版,第23页。

门类;到了基督教早期教父时代,两条人道主义溪流汇集到一起,流入耶稣基督教的水域之中,渐渐形成后来基督教人道主义的主流。基督教人道主义的核心问题概括说来,就是如何把人的自主性、主动性与对统治现实的外在的、超自然力量的信仰统一起来。而这就必然又引申出另外一个问题,即历史的主体是什么?是人类自身还是上帝,还是某种神人的结合?在此问题上,基督教人道主义显得含含糊糊。既允诺充分实现人的潜能,又主张对他人的坦诚便意味着对上帝的坦诚,断言耶稣所启示的天国必须降至人间。因此,在神学面前,基督教人道主义显得是那样的缺乏泰然自若,只能以宗教信仰的指导而告终。

如果说一切宗教的神性都意味着对人的仁爱和慈悲,那是夸大其词、不符合历史事实的。但我们也应看到,有一些大宗教,如佛教、基督教、伊斯兰教等,它们崇拜的神的神性确实也有仁爱慈悲的一面。像佛教中关于佛陀的本生、本行之类的内容,极力把佛陀描绘成大慈大悲、济世度人的道德典范,给人一种佛陀的行为充满人道主义精神的感觉。而伊斯兰教《古兰经》也主张宽以待人,以德报怨,要求穆斯林"谦恭""宽和""亲爱近亲、远邻和伴侣"等,这些道德训诫渗透着对人的一种抽象的人道主义精神和理念。

从理论上分析,这些仁慈友爱精神是"人道"的表现,而不应绝对地将之看作"神道"。究其根源,在于人类社会本身,而不在天上的神灵。也就是说,在神—人的宗教关系中折射出了人—人的社会关系;从所谓神对人的爱引申出了人对人的爱;从宗教道德中表现出了人道主义道德规范。若进一步从唯物史观的立场出发对之进行探讨,人与人之间能否建立相互友爱的关系,应取决于人—人的社会关系,特别是经济关系的性质,真正的人道主义道德只能从符合于人道的人—人社会关系导引而出。人—神关系是由人—人关系决定的,而不是相反。

宗教所主张的道德体系中那些符合于人道主义的内容之所以不能实现,除了社会制度的局限这一根本点之外,还有宗教本身的原因。教会组织在社会体系中是一种重要的社会力量,与社会结构是密切相联的。控制教会的僧侣常常同时是社会统治阶级的一部分,他们的利益与现存社会体制、社会秩序相一致。这就使他们不可能主张改造不合理、不人道的旧社会体制。也正是这一根本原因,决定宗教教会不可能实现宗教祖师爷们早先教导的那些人道主义的道德训诫,而且还常常站在人道主义的对立面上,反对社会道德的进步。

宗教神学的"人道主义"的真实面目是神道主义。从神—人关系中引申出来的道德,只会是神道主义的宗教道德。人道主义道德作为调整人—人之间最普遍的社会关系的行为规范,要求相互承认自己和对方都是自己命运的主人,要求人们在人与他人、人与集体、人与社会的关系中作为自由的主体相互承担道德义务。而宗教则不然,它仅要求人对神单方面地和无条件地服从。而一个人如果丧失了主体性,无条件地服从一个绝对的权威——神或上帝,那么他就不会关心别人和关心社会。从而导致对他人、对集体、对社会所应承担的道德义务的忽视。因此,正如费尔巴哈所认为的那样,宗教与道德是根本对立的。我们还可以进一步认识到,宗教与人道主义在本质上也是对立的。

在当代,这种神学人道主义色彩浓重的哲学门派莫过于新托马斯主义。新托马斯主义是现代西方流传较广、影响较大的宗教学流派,是一种以梵蒂冈为国际中心的天主教会的官方哲学,其理论基础在于传统的托马斯主义。由于它基于神学唯心主义的立场,故只能形成一套以神为中心的神学人道主义理论。

　　首先，在新托马斯主义看来，人的一切，包括他的地位、尊严和权利都是从上帝那里得到的。没有上帝就没有人的存在。没有上帝合理的安排，人就没有驱使尘世万物的权利。

　　其次，人类社会的秩序，有赖于天主教一切道德规范的实施，除此之外，没有别的办法可以解决人类社会之纷争。而天主教的道德规范之所以能起到这样的作用，完全因为他们是上帝意志的体现。

　　再次，构成人类社会单位的人，是灵魂和肉体的结合。灵魂表现为人的个性，肉体表现为人的个体。

　　当人按照个体的原则生活时，他就会不择手段地为自己的目的去进行"夺取"，这就势必使自己失去人的"本性"。而只有当人按照个性的原则生活时，才能摆脱世俗的物质生活的约束，获得真正的永恒的幸福，成为一个真正的人。新托马斯主义宣称，他们所主张的"以神为中心的人道主义"，就其最终目的来说，是要建立一个"纯人的社会"。这个社会引导人们趋赴的不是创立尘世的幸福，而是一个超自然的目标，也就是使个人的"灵魂与神融为一体"，达到"人神融合"的社会。而一旦实现了这种社会，人的"灵魂中充满了神"并"享受着神的快乐"。由此可见，新托马斯主义所谓的"以神为中心的人道主义"，追求的实际上是一个超乎现实的、虚无缥缈的、神秘主义的世界。也正是从这种"以神为中心的人道主义"出发，新托马斯主义公开地攻击起马克思主义来。

　　我们也应注意到，随着人类社会的发展和人类认识的不断提高，宗教人道主义理论及学说也出现了一些新的变种。现代的宗教人道主义较之传统的宗教人道主义，在许多方面，甚至在一些基本的立场、观点上都存有明显不同。现代宗教人道主义者认为世界是自身存在而不是被创造出来的；人是自然的一部分，是作为不断进化的结果而出现的；他们坚持生命是有机体的观点，而认为必须否定传统的灵肉二元论；他们承认人类的宗教文化和文明是逐步发展的产物，其原因在于人与自然环境、与社会传统的相互作用；现代科学所描述的世界本质，使得任何关于人的价值的超自然的或天外的保证都成为不可接受的；宗教是由那些对人有意义的行动、目的和经验所构成的，人性的东西没有什么是与宗教不相容的。

新宗教人道主义把充分实现人的个性视为人的生活目的，并追求其在现时现世的发展和完满。强调一切团体和组织机构的存在，都是为了满足人类生活的需要。其宗教感情表现在具有高尚意义的个人生活和为增进社会幸福而进行的合作努力之中。所要求的是共享的世界里共享的生活。不言而喻，这里的"宗教"在内涵上已与传统的宗教有了重大的不同。

宗教人道主义的上述重大变化，反映了人类社会和人类认识的进步，反映了人的自身要求及对自我价值、创造力的肯定和追求。从这一意义上讲，是一种明显的进步。它试图指出全人类发现的普遍道德礼仪，而并不一定想建立一种世俗宗派、一种人的宗教。但同时也必须认识到，这种新的宗教人道主义与唯物史观的科学认识尚存较大差距，仍然无法从根本上摆脱传统宗教意识的影响。企图对传统宗教进行重新解释和赋之以新的含义，只能显示出其在宗教藩篱前的一种无奈性。

第二，存在主义的人道主义。

在一些西方学者看来，存在主义的人道主义是最彻底、最热情、最专门的人道主义。在西方哲学中，存在主义是影响最大的流派，它是一种从自我存在出发、带有浓厚的非理性主义和悲观主义色彩的主观唯心主义的人生哲学。存在主义者一贯自称最重视人的存在和人的价值，断言人是绝对自由的，人的存在才是唯一真实的存在。甚至借此指责马克思主义重物不重人、重必然而不重自由。因此，自由问题在存在主义的人道主义中占有相当重要的地位，同样，蕴涵其中的人道主义亦必然有深深的自由观点的烙印。这种人道主义的自由观点主要体现在以下几个方面。

人是绝对的自由。存在主义的自由观是从其存在论中引申出来的。从存在先于本质出发，一方面竭力宣扬人生无前途、没出路；另一方面又主张人可以自由选择，主张意志的绝对自由。存在主义者认为，自由是一种选择与否定的自主权，其基础就是"自我"或"自我意识"。存在主义强调的绝对自由，出发点是个人自由。萨特声称，个人不仅不受任何人、任何法律的约束，并且衡量自己动机的标准也在自身内部，因此，这种自由是绝对的自由。

自由是选择的自由。存在主义认为，自由的意义就在于个人的行动，而个人的行动又是可以自主选择的。可以说，在存在主义看来，自由就是选择的自由。人的选择没有任何根据和条件，人们完全应当按照自己的意志选择自己的本质，若选择得对路，则获得成功；若选择得不对路，则遭到失败。不仅如此，自由主义者还认为自由选择就要付诸行动，自由的意义在于积极的行动，只有行动才能反映自由、说明自由。人的自由在行动中存在，在行动中死亡。这样，自由才有目的，存在才有意义。

自由选择应负道德责任。存在主义认为，选择是自由的，但不能是任意的，在同样的环境中，人可以做这样的选择，也可以做那样的选择，因此，人就要对自己的行为和命运承担责任，具体地说，应当承担道德责任。个人的行动不仅要对自己负责，而且还要对他人及全人类负责。这是因为人自己是自由的，并且人的存在先于本质，因而，人在通过自由选择来选定自己的形象时，同时也在选定人类的形象，确定人类的本质，所以要向自己和人类负责。

自由就是人生的价值。存在主义的人道主义也注重人的价值，却把人生价值建立在自由的基础上。首先,价值在于人的自由。价值的意义并不表现为人们改造自然和社会的能动的创造力,不是人生价值的物化表现,而是不严格的,是人自由发明和创造的。其次,价值是以我的主观而定的。因为价值的基础是我的自由,那么,价值就只能是依赖我而存在,是一种主观的、个人的东西,没有普遍的价值。再次,价值是一种虚无。因为作为价值基础的个人自由本身是无基础、无根据的,不受任何东西的支配,这样,人自由创造价值的过程也就是完全任意的、偶然的、荒谬的了。价值实际上也就成为了一种虚无。

存在主义的人道观,以个人是唯一的存在、存在先于本质等理论为基础,倡导的是一种脱离自然、社会的绝对的人的自由,主张的是一种对自由可以为所欲为的意志选择,忽略了人在世生存的相关属性。从本质上看,是错误地理解了人的存在与外部世界的存在的关系,错误地把人的存在看成是世界的本原。这种人道主义鼓励人们要为自己的利益、自己的生存进行自我设计和自我奋斗。根据这一观点,剥削阶级是"自我"造就的,被剥削阶级也是"自我"造就的,都与社会制度和社会实践无关,从而否认了不合理的社会制度是压抑个人自由的客观根源,是真正的"不关心人"。从历史观的角度看,存在主义的人道主义,深受唯意志论及实用主义的影响,也反映了当时德国资产阶级受挫时期的情绪和较深重的精神危机,表现出一种唯心主义和极端悲观主义的倾向,故而难以克服自身的错误和缺陷,极易成为蒙昧主义的东西。

第三,实证主义的人道主义。

历史上有一些哲学,它们虽然不是专门属于唯物主义的部类,却给予了人道主义的立场以强有力的支持。例如,19世纪中叶法国思想家奥古斯特·孔德就曾对一种具有自身一致性的人道主义进行过具有启发性的探讨。孔德以科学事实和科学方法为出发点,提出了一个范围广泛的体系,他称之为实证主义。实证主义发展到了现代,其人道主义的立场和观点已较为完善。

在实证主义的人道主义这里,对人的崇拜代替了对神和上帝的崇拜。它以一系列挑选出来的人类进步中的英雄替代了那些基督教的圣徒们,这在人道主义的发展史中是一种进步。

它认为,确切可靠的事实和知识就是人的主观经验,超出经验的一切既不可能认识,也没有必要认识。人的认识能力和认识手段具有必然的不完全性,不仅把握事物本质的一切企图都是虚构的、空想的,而且即使想要把握现象的总体也是不可能的,实证主义只应当承认知识的相对性。孔德提出了"人类精神发展三阶段理论"。人类智力发展、哲学发展,以至科学发展都必然经过三个阶段:神学阶段,又称为虚构阶段;形而上学阶段,又称为抽象阶段;科学阶段,又称为实证阶段。其中,神学阶段是人类精神发展的初级阶段,是人类智力的必然出发点。在这一阶段,神学占统治地位,用神德主宰和创造来说明世界上各种现象的原因。形而上学阶段是人类精神发展的过渡阶段。在这一阶段,精神把抽象的概念、原则作为本体对世界现象加以解释,即把物质、实在等这些抽象的概念说成是世界万物的本体。而这些是根本无法感觉到的,因此,这个阶段占统治地位的传统哲学只不过是神学的改头换面,是反科学的。实证主义阶段是人类精神发展的最高阶段,也是最后阶段。在这一阶段,人类精神终于认识到超出经验之外的"绝对知识"是得不到的,于是不再探索宇宙的起源和目的了,不再去寻求各种现象背后的内在原因了,而只是找寻现象之间的"规律",发现它们相互之间的先后个性和相似个性。在这个阶段上,占统治地位的是实证哲学。在孔德看来,实证主义是高于唯物主义和唯心主义之上的,是人类智慧的终结。

　　孔德侧重于用道德观念来解释社会现象。在他看来，全部社会有机体是以观念为基础的，决定社会起源和社会性质的是人的情感意志，或者说是人的"本能"。人的本能表现为利己心，使自己的个人利益和欲望得到满足，追求个人幸福的一切手段都是道德的。在这里，个人本能起决定作用，它是社会生活的基础，公共利益的目的是从个人利益的目的推演出来的，一句话，个人本能给社会生活指出了目的和方向。但是，个人本能也有不足之处，就是排斥他人，这也就需要社会本能给予补充和协调，从而形成社会生活。换句话说，社会起源于个人本能和社会本能的协调。实证主义人道主义高举"普遍的爱"的大旗，号召人与人相互同情和友爱，个人服从领袖，领袖则应负起责任。在孔德那里，工人被劝导要少从地位、金钱着想，自觉服从于政府和领袖。而资本家有了"普遍的爱"后，就会担负起社会责任，抚养好民众，从而使社会安定。

　　实证主义表面上是超凌于唯物主义和唯心主义之上的，然而它把经验的主观形式方面无限夸大，并用它否定其内容的客观性，从而必然陷入唯心主义的泥潭。它把人的认识局限于经验范围以内，又必然导致不可知论。在人的权利和社会道德问题上，实证主义力图用"科学精神"解释人和社会的现象，并由此论证资本主义制度的"合理性"和"永恒性"，因而，其人道主义必然带有极大的局限性。

　　第四，自然主义的人道主义。

　　自然主义坚信未来对真理的全部发现将揭示自然存在的无限扩展，而不会出现一个完全不同的存在王国，即通常所谓超自然的存在。其代表人物有美国的哲学家约翰·杜威、乔治·桑塔亚那等。

　　自然主义的人道主义在其最确切的哲学意义上包含着这样一

种世界观,其中自然便是一切,超自然的东西是没有的,人是自然界的一个组成部分,而不能同自然界截然分开或割断其连续性。它认为最高的道德目标应是为了全部人类在此生此世更幸福的生存而工作。在自然主义看来,人、地球和无边无际的时空宇宙都是大自然的组成部分。存在的整体与大自然是同等的,没有什么东西存在于大自然之外。这种形而上学没有给超自然的东西留下位置,没有给超现实的存在或超物质的上帝留下空位,从而比宗教的人道主义更接近真理。

自然主义的人道主义首先肯定人的身体和人格的存在。它以足够的科学事实,确证了人及其他各种形式的生命不是上帝的超自然的创造行动的结果,而是长期进化过程的产物。人体本身是一个最为奇妙复杂的有机体,其众多的组织部分之间的协调达到了极度的精确,尤其是人体中相对说来更为复杂的大脑,特别是大脑皮层,给了人以思维的能力,从而使人不可估量地高于地球上所有其他生物。

自然主义的人道主义十分明确地把人类的命运置于这个自然世界非常广阔的范围内。它认为,人们可以在生活中找到充足的活动余地和意义,不断拓展自身价值。它宣扬一种坦率的以现世的人类幸福为目的的道德观,一种合乎情理、合乎人道的道德观,故而显得比其他道德观更有效力、更为高尚。它强调人类是自己命运的铸造者,未来事物的模式掌握在自己手中。

自然主义的人道主义的一个突显的内容就是不颂扬超自然的上帝,相反,主张实现全人类现世的幸福。它断言,理智的利他主义在心理学上是可能的,在伦理学上是值得追求的。但它遵从中庸之道,承认利己和利他主义都有它们各自适当的地位,并且能够以一种和谐的形式结合起来。一个人尽力为他的人类同胞服务,也必定应容许他的同胞为他服务，他自己的福利和其他任何人的福利一样，同样是人类福利的一个部分。自然主义者明确懂得并且肯定，社会的幸福，包括现在的和未来的，应当是最高的伦理目的，这个目的包括全人类在内，并认为人类发展着的生存本身就是有价值的。这种人道主义道德促进爱、友谊与合作的基本驱动力的发展，这些驱动力使人时时想到群体的利益，并在为大家的幸福而工作中找到自己的幸福。它还进一步指出，如果一个社会中的大多数人对于可能需要付出的个人牺牲并不计较，而献身于集体的幸福，那么这种社会与那种以个人的私利和发迹是基本动机的社会相比，就会获得更大的幸福和更大的发展。合作的社会是与人类本性的某些方面相符合的，并使这些方面得到满足。当然，社会的幸福无疑必定需要有一些对个人有益的价值，譬如健康、有意义的工作、经济保障、友谊、性爱、社会承认、受教育机会、言论自由等。其观点的核心便是，倘若一个人追求的活动是健康的、有益社会的和符合理性的，那么一般说来，快乐就会伴随着这些活动；而幸福，即最高的善，将是最终的结果。这种人道主义尚能考虑到个人之间的天然差异，考虑到每个人多方面发展的可能性。

自然主义的人道主义虽然具有相当的合理成分，但总体来看，它仍在设计和强调一种超阶级、种族和民族界限的抽象的人、人的价值及人道，从而产生出自身难以克服的缺陷。

第五，伦理人道主义。

有些人指责人道主义缺乏真正的道德标准，是随意的，都允许主观的趣味与幻想占上风。这些指责当然是没有根据的。在诸多种类的人道主义之中，道德及义务凸现得相当明显。伦理人道主义更是典型的代表。

伦理人道主义以"善的实践"和"正确的行为"为己任，以回答

"什么是生活的原则和意义"为目的。在何以至善问题上,伦理人道主义者不期盼上苍的保佑和拯救,他们把自己的双脚坚定地踏在大自然的土地上,刻意运用人文科学、自然科学、同情心、理智及教育来创造和规范一个美好的人类世界。从个人角度讲,力求至善成为其执着的追求。而达到至善生活的根本方法,则在于理性的方法,在伦理的探索和认识善恶过程中,培养理性的能力。

在有神论者看来,至善就是服从上帝的戒律,相信上帝的拯救以及某种形式的礼拜仪式。而在伦理人道主义者看来,人们应当具备三个基本德行:勇气——不顾逆境克服困难战胜困难的决心;理性——运用批判理性去解决人类问题并认识自然;同情心——对待他人需要的道德意识。

资产阶级人道主义尽管形式多样,但其共同点就是社会历史观上的唯心主义。它们都以主观设定的某种抽象的、带有普遍形式的人性作为立论的出发点,并把这种抽象的人性作为衡量一切的尺度,把理想社会的建立归结为人性的实现或复归,其实质是一致的。资产阶级人道主义虽然在历史上的不同时期,经历了不同的发展形式,但是作为世界观、历史观,它们都具有一个共同的特征,都是以抽象的人为出发点,从人性、人的本质出发来说明社会及其发展的。它们大都把"人的天性"作为衡量历史进步的尺度。

(二)马克思的人道主义历史观

人道主义的根本意义,是实现人的本质,使人在社会中按照人的本质生活,成为一个真正的人。这意味着要使每一个人成为社会的主人、自然的主人和自己命运的主人。如果每一个人都成为了自己命运的主人,他也就实现了人的价值和尊严,不再受制于异己力量的支配,从而获得真正的自由。人与人的社会关系也就成为了独

立人格者之间的关系,是一种主人与主人的关系。而主人与主人的
关系,只能是相互尊重、相互友善仁爱,这也就实现了人际关系中
的平等与博爱。在现实独立人格者的自主性的基础上,实现真正的
自由、平等和博爱,这是人道主义的社会理想和道德要求,也就是
人道主义的根本意义和核心内容。

　　马克思人道主义是在继承与批判以往人道主义观点的基础上
建立起来的。由于在马克思成熟时期的著作中,很难找到"人道主
义"这一范畴,因此,阿尔都塞指摘马克思主义哲学存在"认识论的
断裂",萨特也认为马克思主义哲学存在着"人学的空场"。一段时
间以来,国内哲学界对马克思主义哲学是否存在人道主义思想也
进行了颇多争论。如前所述,纵观马克思早期的著作到后期的著
作,马克思始终没有离开过人这一主题,人的自由、人的发展、人
的解放始终是其追求的目的,马克思才是真正的人道主义者。西
方马克思主义代表人物之一,波兰的沙夫在《马克思主义和个人》
一书中,就评价马克思主义是自主意义上的人道主义。"在把人的
世界解释为它自身力量作用的结果而不诉诸任何超人道主义从
而不诉诸受外界支配的力量这一意义上来说始终是自主的";
"人,真正的人,不仅是出发点,而且也是他的命运的自主的锻造
者,是他的世界和他的自身的创造者"。他总结说:"这是唯一可行
的自主意义上的人道主义。"① 国内也有学者认为:"唯物史观所主
张的人权与人道,是一种现实的人权与人道,而不是人道主义所
设想的观念中的人权和在资本主义社会中根本无法实现的人权
和人道的要求。唯物史观把共产主义社会作为实现人的人权和人
道的最高社会形式……所以,马克思、恩格斯的历史唯物主义又是

---

① 〔加〕本·阿格尔:《西方马克思主义概论》,北京:中国人民大学出版社,1991年版,第325页。

一种更高形式的人道主义,是共产主义的人道主义。"①

在《1844年经济学哲学手稿》中,马克思是用人道主义来诠释共产主义的。"共产主义是私有财产即人的自我异化的积极的扬弃,因而是通过人并且为了人而对人的本质的真正占有;因此,它是人向自身、向社会的即合乎人性的人的复归,这种复归是完全的,自觉的和在以往发展的全部财富的范围内生成的。这种共产主义,作为完成了的自然主义=人道主义,而作为完成了的人道主义=自然主义,它是人和自然界之间、人和人之间的矛盾的真正解决,是存在和本质、对象化和自我确证、自由和必然、个体和类之间的斗争的真正解决。它是历史之谜的解答,而且知道自己就是这种解答。""社会是人同自然界的完成了的本质的统一,是自然界的真正复活,是人的实现了的自然主义和自然界的实现了的人道主义。"②

马克思把"人的本质"与"社会""人性""人道主义""共产主义""自然主义"等相类比,指出了它们之间的内在联系。人道主义就是要使人和自然界之间、人和人之间的矛盾得到真正的解决,人向自身、向社会的即合乎人性的人的复归,是完成了的人道主义与共产主义的结果与显现。"共产主义=人道主义=自然主义"是在完成了的意义上来加以等同的,这就反映出马克思已经表现出了与以往人道主义不一样的理念与不一样的价值旨趣。正是有了这种人道主义历史观,才为马克思、恩格斯最终创立唯物史观奠定了基础。

在唯物史观的批判下,先验、抽象的人道主义已经被现实的、革命的实践唯物主义所取代,并与共产主义运动直接相联系,但是,并不意味着人道主义已经远离了马克思的语境。在马克思思想

---

① 周峰:《人性的消解与历史的实践建构——唯物史观对人道主义历史观的变革与超越》,广州:广东人民出版社,2006年版,第219页。

② 马克思:《1844年经济学哲学手稿》,北京:人民出版社,2000年版,第81、83页。

的成熟期,政治经济学理论成为了马克思研究的核心领地。但马克思政治经济学的前提基础理论是人学，最终指向的也是人的生存论问题。所以，韩庆祥先生的评价是中肯的："在成熟时期的著述中,马克思创立了历史唯物主义,以此来说明社会历史,以克服以前人道主义者用抽象人性说明社会历史的局限，同时把人道主义的价值、伦理原则建立在历史唯物主义基础之上,只用人道主义来对非人性的现实作价值评判。这是马克思人学对人道主义的又一发展。马克思对以前人道主义的合理继承与批判发展,表明人道主义对马克思人学思想之形成和发展的重要性，表明马克思人学思想具有不同于以往人道主义传统的特殊内涵与本质规定,那种看不到马克思人学思想在人道主义思想发展中所实现的根本变革的观点是错误的。"①

刘歆立先生在《个体发展与社会基本矛盾——论马、恩社会基本矛盾中个体发展的思想》一文中做了反思性的解读："在人们对社会基本矛盾的理解中,忽视个人的作用,只看到在人的思想和身体之外的生产力的物质性,看不到凝结其中的人的本质力量;只看到作为类的概念的人对生产力的形成的总和的抽象贡献,看不到作为个体存在的人的思想和身体的具体支出;只看到作为对历史发展最终决定的生产力的结果性,看不到其形成中的个人力量的能动发挥和复杂组合的过程性,只看生产力表面上具有的人与自然之间的相互关系和作用,看不到处于生产力深层的人与人之间的相互关系和作用,从而把生产力概念中的人的作用'蒸发'掉了,无视其中活生生的个体的价值和作用。继而在对生产力和生产关系的把握中,迷失于对生产力物质性决定作用和物化形态的生产

---

① 韩庆祥:《从人道主义到马克思人学》,载《学习与探索》2005 年第 6 期。

关系内容的片面强调，看不到二者实际上都是指向人的，在归根结底意义上都是人的本质力量的体现。它们之间发生的矛盾和冲突都根源于人，最终解决也离不开人与人之间的矛盾和冲突的解决。于是，个人的存在被生产力、生产关系等大字眼和宏大叙事话语所遮蔽了，个人的价值被脱离了社会生活实际的抽象思维方式所吞噬了，这样就难怪我们传统理解的唯物史观给人以'见物不见人'的印象，被萨特等人攻击为'人学的空场'。"①

长期以来，马克思主义被过度地诠释，被教条化，被知识化。马克思主义的经典文本被悬置起来，有些人通过主观想象来定义马克思思想，有些人为了达到自己的政治目的肆意篡改经典文本的原意。远离真义的所谓"马克思主义"脱离了历史，脱离了现实生活世界，最可怕的是，它变得无视人甚至是敌视人了。当我们回到马克思那里，与马克思同行的时候，我们才能看到理论背后的真相。是我们没有真正领悟马克思思想的真谛，导致了理论上的迷失。用这种背离真理的理论去指导我们的行动，可想而知，必然会使行动出现失误。把握好马克思主义中蕴含的人文精神，挖掘马克思哲学中的人道主义、个体自主性思想，对于指导我们的行动，对于引导社会发展将会起到积极的作用。

---

① 刘歆立：《个体发展与社会基本矛盾——论马、恩社会基本矛盾中个体发展的思想》，载《江淮论坛》2006年第5期。

第三章
个体自主性在中国改革开放时期的生成与发展

西方社会发展到今天,以个人主义、自由主义为基础的价值取向已经发生动摇。由于个性自由的畸形发展,一些人在孤独与恐惧中逃避自由,从而忘记了自己是独立的个体,抛弃了已获得的自主性。我们要避免步西方后尘,个体自主性在我国不能走非理性的而只能走理性的道路。当前,社会主义市场经济体制在我国已经初步建立起来,为个体自主性的生成和发展提供了契机,并成为孕育、发展个体自主性的经济土壤。我们在历史长河里畅游的同时更应该紧紧贴近时代的脉搏。只有到了新时代新体制下,中国个体自主性才得以真正生成和发展。

一、个体自主性生成的历史与时代背景

今日之中国正处于一个特殊的历史时期。从 1978 年十一届三中全会后,我国开始经历一个体制转轨、社会转型的过渡时期,也就是由计划经济体制向社会主义市场经济体制转轨,从农业文明向工业文明过渡,从人治走向法治,从传统向现代转换的过程。我国社会转型期所面临的问题是中西古今厚重的叠加,呈现出"多重"性状,直接影响到个体自主性的生成与发展。

一个世纪以来,中国学界为中西学的体用问题争论不休。理论和事实证明复古主义和全盘西化在中国都是走不通的。

如果对中西方的人学理论作对比可发现,中国传统的人学理论追求的是宗法人伦,"重整体而轻个人",与西方人学追求个体自由是有明显区别的。中国传统文化里虽然也偶有个体自主性思想火花的闪动,但是和西欧的中世纪一样,在封建宗法统治下,传统文化没有形成真正的个体自主性思想,真正具有独立自主的人是没有的。"中国传统伦理道德的基本原则是三纲五常,道德价值的标准是以君主为代表的国家群体利益至上,它要求把国家的利益作为行为的最高标准,个人服从群体,小群体服从大群体,全社会服从君主所代表的国家。这种群体由封建的等级制度构建起来,并非真实的利益共同体,而只是代表统治阶级利益的虚幻的集体,它以群体中不同等级的人们之间利益冲突和权利的不平等为基本特征,三纲五常就是维护这一等级秩序的最根本的道德原则。"①在封建宗法制度下,每个人都遵守自己所属地位的伦理规范,成为宗法制度中的合格的角色,却丧失了自我。个人在其中丧失了独立自主,只能机械地组合成一个个群体角色。整个传统社会是"重群体轻个体",民众形成的是一种依赖心理,依赖于统治阶级、宗法制度,个体必须完全服从,不能侵犯封建群体的和谐。"从儒家与现实社会的关系整体来看,既没有抗世,也没有出世,故只能叫作'谐世'"。②

道家在精神上是提倡绝对自由的,但客观上则安然顺命。它屈从于自然环境,不是贬弃自我价值就是无所待无所求的虚静,因而获得的只是一种消极、虚幻的自由。中国的佛教不重彼岸世界,立足点还是在现世。它要人们安于现状,"即此身心"就成为"自由人",而不是自己能动地主宰自己,更不可能去认识外界、改造现实。在封建社会里,儒、释、道三家的学说被官方所垄断,这些学说里包含的一点个体自主意识几乎完全隐没了,显现在外的是压抑个体自由的成分。我国传统文化发展起来的社会物质基础是封建小农经济,它建立的就是以宗法人伦为基础的文化,崇尚的是家族主义的伦理思想。传统文化被一代代地继承下来,其中压抑个体自主性的成分成为了禁锢人们思想、束缚人们行动的羁绊。正如有学

① 张怀承:《天人之变——中国传统伦理道德的近代转型》,长沙:湖南教育出版社,1998年版,第14页。

② 成复旺:《中国古代的人学与美学》,北京:人民大学出版社,1992年版,第42页。

者分析,中国传统伦理思想把人规定为德性的存在,只强调和追求德性觉悟,轻视并否定知性觉悟与感性觉悟。而德性觉悟"从根本上说属于类的觉悟,德性是全人类共同具有的本质属性,任何单独的个人只有作为类的一员才能获得这一本性。个人受着德性的规定,只有类、整体、群体才是至关重要的,个人可以忽略不计。并且个人的任何独立与自由都将妨碍整体的和谐,个人不是作为单独的个体,而是作为整体关系的必要环节、作为价值符号才具有现实的道德价值"。[1]

与此形成对照,古希腊人的文化是在商品经济、城邦民主制度的条件下产生的,它重自由,追求个人与整体的分离,发展了个人为本位的形态。古希腊文明始终是西方人的精神典范,所以它被较好地继承下来。黑格尔曾带着他的民族偏见说过:"在东方的黎明里,个体性消失了……在希腊我们看见了真正的自由在开花。"[2]西方到了近代,商业革命、文艺复兴、启蒙运动的发展,特别是资本主义生产方式的诞生,资产阶级成为了社会革命的主体,在自由、平等的口号下,建立起了以个体独立自主为核心内容的个人主义伦理思想。

我国自明朝中叶开始,在东南沿海地区出现了工场手工业和商品经济的萌芽。随着1840年中国沦为半殖民地半封建社会,西方文化的强行侵入,阻滞了中华文化的自身进程。在中西方文化的冲撞下,19世纪末20世纪初,中国大地上掀起了一场启蒙运动。但是从新文化运动、"五四"运动以后,启蒙运动渐渐走向失败,个体自主性在理论上得不到应有的论证、重视,在行动上也得不到实

---

[1] 张怀承:《天人之变——中国传统伦理道德的近代转型》,长沙:湖南教育出版社,1998年版,第262页。

[2] 〔德〕黑格尔:《哲学史讲演录》第1卷,贺麟、王太庆译,北京:商务印书馆,1959年版,第98—99页。

现。失败的原因是多方面的,最主要是由于日益紧迫的民族危机,国家、民族的独立成为了最主要的目的,而个人的独立自主不能成为时代的主题了。在长期艰苦卓绝的政治斗争与军事斗争下,启蒙运动历史目标的实现被遗留了下来。

从"五四"运动时期开始,马克思主义哲学在中国不断地得以传播和发展。马克思主义哲学逐渐成为 20 世纪中国哲学的主流。马克思主义哲学在中国传播的最重要的理论成果,就是毛泽东哲学思想的形成和发展。毛泽东哲学思想把马克思的实践主体性理论转移到了中国,从而开辟了中国主体性思想的新思路。中国共产党在马克思主义与毛泽东思想的指导下,推翻了三座大山,消灭了剥削、压迫,建立了新中国。这就为个体自主性的发展提供了前提条件。个体自主性的发展必须以民族独立自主为前提,国家不独立,民族不解放,国内民众就根本谈不上独立自主。广大劳动人民获得了解放,成了国家的主人,为主体力量的充分发挥开辟了广阔的前景。

新中国成立后一段时期,由于我国照搬照抄苏联模式,建立起了高度集权的政治体制和经济体制,忽略了马克思主义关于人的发展理论。国家成了高高在上、发号施令的唯一能动主体,而企业和个人却成了任其支配的被动客体。我们忽视了商品经济建设,冀望从自然经济直接跳入产品经济,结果造成了一种变相的自然经济——计划经济,这使得政企职责不分,直接由政府给企业下达指令性计划,企业内搞平均主义,吃"大锅饭",农村搞公社化。"文化大革命"期间,民主法制被践踏,人性被扭曲,个人随时有可能成为政治运动的牺牲品。个人没有思想言论自由,行动上更要谨小慎微,严重压抑了个体自主性的发展。最明显表现在两方面,一是领袖崇拜,领袖一句顶一万句,人们对领袖顶礼膜拜,达到痴狂状态。

二是个人完全被集体抹杀，个人形成了一种从众心理。整个社会过分强调人的阶级性，而忽视人的个性，个人只能依附于集体，人成了国家政治目标的工具。"文化大革命"掀起的是一场群众性的运动，引发了个人的从众心理，个人即使发现自己的意见与别人不同，也不敢认为自己是对的，而愿意站到大多数人的意见中去。科恩认为从众行为是指"在个体与群体意见发生分歧的情况下，个体顺从群体的压力并让步。相反的概念是独立自主的行为，亦即个体自己得出看法并在他人面前捍卫这一看法"。[①]"文化大革命"中也有一些人怀疑"左"的路线，但是真正站出来反对的人毕竟是少数，更多的人顺从于群体，加入政治运动中，无形中被剥夺了自主性。正如科恩所言："个体自我意识水平的下降可以说是等于让个人听任外部影响的摆布，而这种影响的力量和方向则取决于此人所信任的群体，特别是它的领袖。"[②]

从前面的分析中我们看到，与西方相比，我国历史上个体自主性是缺失的。在社会转型期个体自主性的生成与发展是在很低的基点上起步的。西方的工业化进程已经进行了两三百年，自由、平等的观念根深蒂固。二战以后，特别是 20 世纪 70 年代以来，全球兴起了第三次革命浪潮，发达国家已步入后工业时代、信息时代，有强劲的经济政治基础。

我们面临的局势是纷繁复杂的，任务是艰巨的，一定要认清国情，面向世界。一方面，要从封闭走向开放，借鉴发达国家的最新成就，吸收西方的新思想、新观念；另一方面，要立足于本国实际，逐

---

① 〔苏〕伊·谢·科恩：《自我论——个人与个人自我意识》，佟景韩、范国恩、许宏治译，北京：生活·读书·新知三联书店，1986 年版，第 408 页。

② 〔苏〕伊·谢·科恩：《自我论——个人与个人自我意识》，佟景韩、范国恩、许宏治译，北京：生活·读书·新知三联书店，1986 年版，第 427 页。

步建立社会主义市场经济体制,健全民主与法制,大力发展教育,这样才能使个体自主性的生成与发展具备有利的环境与条件。我们学习西方但不是走全盘西化的道路,西方古代、近代、现代的思想,不论哪一时期的都不可能适合于我们今天。

当今世界经济全球化、科技日新月异、综合国力竞争日趋激烈,如何紧跟时代潮流,凸显中华民族的强大生命力呢?一是要坚持马克思主义的指导地位不动摇。过去,我们在社会主义革命和建设过程中,之所以会发生极"左"或右倾的错误,不是马克思主义本身出问题,恰恰就是没有坚持真正的马克思主义,而是教条式地理解马克思主义,使革命和建设事业遭受不必要的损失。指导我们实践的必须是马克思主义哲学。马克思主义哲学当代化的重要核心就是反思当代重大社会发展问题。马克思主义哲学的精神实质不是书斋式的纯学术研究,其真正生命力在于切入现实世界,具体关注社会发展问题。也就是说,马克思主义哲学是研究"具体"社会规律的"发展哲学"。而且马克思主义哲学的立足点在于改变社会现实,是实践的哲学、生活的哲学、发展的哲学;同时,马克思主义哲学是"时代精神的精华",是"文明的活的灵魂",它本质是现代哲学的范畴。

二是要在实践中丰富和发展马克思主义。创新是马克思主义哲学的灵魂和最基本的特征。中国共产党和中国人民不断地从中国的革命、建设和改革过程中提取经验,上升为科学的理论,不断丰富和发展马克思主义,也就是中国经验马克思主义化的过程,从而指导社会主义新一轮的建设事业。改革开放以来,我们秉承"实事求是、解放思想、与时俱进"的思想路线,不断总结经验,不断开拓创新,制定出一个个宏伟的战略决策。这些都为个体自主性在我国的生成与发展奠定了坚实的理论与现实基础。

二、哲学界个体自主性理论形成的逻辑进路

我国哲学界对个体自主性研究的升温，是有其深刻的社会基础和现实原因的。1978年，中共中央对思想路线进行了拨乱反正，人们的思想逐步得到了解放。真理标准问题的大讨论，使人们开始审视过去的极"左"路线。在十年浩劫中，人性遭到摧残，个人的独立人格和自主意识湮没在政治运动和个人崇拜中。"文化大革命"结束后，人们在声讨"四人帮"罪行的过程中呼唤自主意识，重新树立人的尊严。这个时候，西方正流行的非理性主义和西方马克思主义思潮被迅速介绍进来并产生了强烈的影响是很自然的。另外，我国的哲学工作者对马克思主义人学思想重新挖掘，努力研究，从而在哲学界兴起了一场人学研究热潮。这场热潮分三个阶段：从20世纪70年代末到80年代初，是对人性、人道主义问题的探讨；20世纪80年代中期，从文化、人权、人的主体性研究人的问题；20世纪80年代末至今，从人学理论的角度综合地研究人的问题。

个体自主性问题正是随着对人、人的主体性问题研究的逐步深化而凸现出来的。邹诗鹏先生在总结新时期哲学界的研究成果时说："事实上，新时期以来中国马克思主义哲学研究的一个重大贡献，就是通过切入全球化时代中当代中国的现实问题及其启蒙语境，展开对马克思唯物史观形成时期的著作如《1844年经济学哲学手稿》《德意志意识形态》以及《关于费尔巴哈的提纲》等有关对旧唯物主义的批判、主体性、感性关系、社会生活、实践及其实践批判思想的研究，并进而展开对人、人道主义、异化问题、主体性、实践观、价值、人、文化、社会、发展、生存等问题的研究，包括更为深入地反思传统的教科书模式，并重构马克思主义哲学理论，丰富了

马克思实践观的内容，形成了一个有一定中国特色的马克思主义哲学研究范式。这一研究范式已经成为新时期中国马克思主义哲学研究的学科基础。"①

人学热潮的兴起始于对马克思主义的正本清源，而这又与西方马克思主义思潮的传入不无关系。西方马克思主义认为马克思主义哲学就是历史唯物论，即关于人和社会的学说，人道主义思想贯穿于马克思的理论和实践活动中，异化劳动学说是马克思主义人道主义的出发点，消除异化是共产主义的实质和最终目的。他们认为过去马克思主义忽略了人的主体性的研究，要把主体性原则作为马克思主义的根本原则。

长期以来，我们是依据苏联人的解释来理解马克思主义的，这些解释最大的缺陷就是忽略了马克思主义关于个人的自由发展理论。"一般来讲，西方人本主义和西方马克思主义大都注重个人概念中的价值因素——即注重个人的应当性、超越性、个性和主体性(自由和创造性) 等，否认和忽视个人的社会性和客观现实性 (个别人物除外)，而一些正统马克思主义者大都注重个人概念中的科学因素——个人的社会现实性、客观性和受制约性，忽视人的价值因素"。②

20 世纪 70 年代末 80 年代初，哲学界就关于马克思主义和人道主义的关系展开了辩论，特别是集中在关于"人"是否是马克思主义出发点的讨论上。一种观点认为，"人"是马克思主义的出发点，人作为主体存在。另一种观点认为，"人"不是马克思主义的出发点和归宿，马克思主义的出发点是人的社会关系和物质生产方式。通过这场辩论，马克思主义人学逐渐成为我国哲学界感兴趣的话题。人的

---

① 邹诗鹏:《何以要回到历史唯物主义研究范式?》载《哲学研究》2010 年第 1 期。
② 韩庆祥:《马克思主义人学思想发微》,北京:中国社会科学出版社,1992 年版,第 3 页。

问题的提出还波及文学、艺术、法学、伦理学界,在社会形成了一股不可阻挡的热潮。人的主体性问题也由此成为哲学界的热点问题。

近现代西方理论界对人的问题的研究,着眼点主要是个人及其个性,讨论的中心是个性自由、个人价值、人的异化、人的存在问题。特别是现代西方非理性主义把人的问题提高到了哲学的核心地位,从不属于理性范围的直觉、灵感、无意识、情感、意志和欲望等认识形式和心理因素去探讨人。20世纪80年代西方非理性主义在中青年知识分子和大学生中产生了极大反响,"萨特热""弗洛伊德热""尼采热"使人目不暇接,但是经过一段时间的反思后,我们认识到西方非理性主义理论有许多不足取的地方,中国的个体自主性发展只能走理性的道路。西方非理性主义追求的生存意志、性冲动、生命力并非人的本质;他们反映出的多半是悲观厌世的情绪;他们宣扬的个人的自由选择并不能使人获得自主性,相反有可能走向反面,使个人变得自专与自私。所幸的是,我国哲学界没有照搬照抄西方马克思主义与西方非理性主义的思想观点,而是以马克思主义为指导,使人的问题研究不断随着正确的方向纵深发展。

当中国哲学界开始关注人、研究人时,也就开始把重点投向了人的主体性规定、人的发展问题上来了,主体性理论成为中国哲学发展的一个新趋势。对于主体性的定义,按提出时间先后排列有五种,在逻辑上体现了对哲学真理的逼近。第一种定义,主体性就是人性;第二种定义,主体性就是主观性;第三种定义,主体性的本质特征就是实践性;第四种定义,主体性就是主体实践活动中的为我关系;第五种定义,主体性就是人的自主性、自为性、能动性、创造性,或者是独立自主加上主观能动性。①这五种定义反映了我国从

---

① 参见丰子义、孙承叔、王东:《主体论——新时代新体制呼唤的新人学》,北京:北京大学出版社,1994年版,第42—45页。

20 世纪 80 年代到 90 年代对主体性问题的探索轨迹，是从比较宽泛走向具体、深入的过程。个体自主性问题正是随着主体性问题的不断深化而提出来的。例如，刚开始把主体性当作人性讨论，个性与主体性几乎可以画等号，把主体性泛化了。而到了第五种定义时，人的主体性已被作为人性中最本质的那一部分，它的本质内容，即人之所以为主体的根本共性，就是人在自觉活动中不可缺少的自主性、自为性、自立性、能动性等。有的学者认为，作为主体的人在作用于客体的对象性活动中表现出来的主体性总是具有共同的属性，主要有为我性、能动性、自主性和创造性。①有的学者把主体性的基本特征概括为自主性、能动性、创造性三个方面。②但是主体性中什么是初级本质、深层本质，什么是人的主体性最本质、最深层核心，自主性在其中处于哪一层面，目前尚在讨论与研究中。

仰海峰先生认为，自 20 世纪 80 年代以来，国内马克思哲学研究经过了两次重要的理论范式转换。第一次是从实践标准问题的讨论，经过人道主义与异化问题的研究，以实践唯物主义为标志的理论建构。第二次是从实践唯物主义与主体性问题，经实践人学思想，到当下的存在论研究。而马克思哲学研究出现了三种本体论：物质本体论、实践本体论和存在（生存）本体论。"以实践主体性为基础的人学，与当时国内市场经济的发展密切相关，而以生存论为基础的人学则对市场经济条件下人的生存状态提出了批判。"③

从 20 世纪 90 年代末期，中国哲学界在可持续发展、科学发展观、和谐社会的现实语境中，重新审视了人的生存问题，生存论人

---

① 参见沈建国：《论主体与主体性》，载《求索》1992 年第 5 期。
② 参见陈柏灵：《现代化建设中的主体性问题》，载《理论探索》1994 年第 4 期。
③ 仰海峰：《形而上学批判——马克思哲学的理论前提及当代效应》，南京：江苏人民出版社，2006 年版，第 6 页。

学的研究成为了讨论的热点。随着中国社会市场经济的发展，不可避免地出现了不少对人的负面影响，中国哲学界对这方面问题进行了反思，生存论人学就是对市场经济的超越与批判。应该说，生存论人学的兴起与研究，进一步丰富和发展了个体自主性理论。

　　总之，个体性的问题，主体性、自主性的问题在现代社会是不会过时的，人类永远也解决不了外界与自身给自主性带来的困扰。正如郭湛先生在《主体性哲学——人的存在及其意义》一书的再版后记中所说："主体性是所谓现代性中的核心问题，而现代性则是现代社会的根本特征……没有主体性，就没有发展；而没有发展，就没有现代化……事实表明，在现代社会中，主体性问题是不会过时的。从个体主体性到群体主体性、社会主体性，从国家主体性、民族主体性到人类主体性，有哪一种主体性被哪种主体放弃了呢？重要的问题在于，各种主体之间的关系和各种主体性之间的关系如何处理。由此又引出了主体间性或交互主体性的问题，进一步还有共同主体性乃至公共性的问题。总之，主体性不仅没有'消解'，反而更加复杂化了，需要我们继续深入加以研究。"[①]纵观改革开放30多年的研究成果，我们有理由相信，中国哲学界会立足现实社会，坚持马克思主义的指导，将研究个体自主性的问题继续深化下去。

三、个体自主性生成与发展的契机

　　中国社会转型期最显著的成绩是进行了经济体制改革。十一届三中全会以来，农村改革实行了"家庭联产承包责任制"，使广大

---

① 郭湛：《主体性哲学——人的存在及其意义》，北京：中国人民大学出版社，2011年版，第248页。

农民有了比较充分的自主权,变成了自负盈亏的商品生产者和经营者,乡镇企业异军突起。农村的改革成效促进了城市改革。1984年十二届三中全会关于经济体制改革的决定,明确肯定社会主义经济是在公有制基础上的有计划的商品经济。1992 年,邓小平在"南方谈话"中明确指出:"计划和市场都是经济手段","计划多一点还是市场多一点,不是社会主义与资本主义的本质区别。计划经济不等于社会主义,资本主义也有计划;市场经济不等于社会主义,社会主义也有市场"。①在此思想的指导下,1993 党的十四届三中全会通过了关于建立社会主义市场经济体制若干问题的决定。我国经济体制改革的目标就是在坚持公有制和按劳分配为主体,其他经济成分和分配方式为补充的基础上,建立和完善社会主义市场经济体制。市场经济能够确立个体自主性,是孕育、发展个体自主性的土壤。

(一)平权型的经济秩序肯定了个体自主性

市场经济与自然经济、计划经济是相区别的。自然经济时期也就是"人的依赖关系"时期,自然经济是一种不需要经过交换的自给自足的封闭性经济结构。我国 2000 多年的封建制度一直是处在这种自然经济之中。新中国成立以后,长期一段时间我国处在一个高度集权的计划经济体制中,事实上也就是马克思没有预料到的新形式的人的依赖关系。国家对经济生活诉诸直接命令的控制,市场交易受到严重干扰,政府权力运行过程中出现了"人治"状态,不可避免地滋生了官僚主义、长官意志、特权观念等一系列带有浓厚封建色彩的文化。而市场经济已经摆脱了"人的依赖关系",在市场活动中主体之间摆脱了依附关系,成为了相对独立的个人,是一种

---

① 《邓小平文选》第 3 卷,北京:人民出版社,1994 年版,第 373 页。

平权关系,也就是在意志与行动上是自由、平等的。

社会主义市场经济是以商品交换为前提的。市场的本质就是市场主体等价交换的关系,等价交换是市场经济的一条基本规律。每个商品生产者和经营者都是独立的经济主体,根据市场信息自主地生产经营,自由地选择资源配置;消费者有选购商品的自由;劳动者有择业的自由。市场主体通过商品交换为媒介达成一种契约关系,使他们作为自主的主体能顺利地进行生产与交换活动。"每一个人,都自身反映为排他的并占支配地位的(具有决定作用的)交换主体。因而这就确立了个人的完全自由:自愿的交易;任何一方都不使用暴力;把自己当作手段,或者说当作提供服务的人,只不过是当作使自己成为自我目的、使自己占支配地位和主宰地位的手段。"① 交换主体中的任何一方不是用暴力去占有对方的商品,而是互相承认对方是把自己的意志渗透到商品中去的平等的人,从而打破了过去的社会等级和人身依附关系。商品交换蕴含着交换主体的个体自主性,契约又成为了个体自主性的载体。"平等和自由不仅在以交换价值为基础的交换中受到尊重,而且交换价值的交换是一切平等和自由的生产的、现实的基础。"② 社会主义市场经济以社会主体的平等地位及平等权利为特征,市场主体作为平等的、财产上独立的主体进行活动,在这种平等自由的市场交易活动中个体自主性得以确立。

(二)自由竞争的机制强化了个体自主性

自由竞争、优胜劣汰是市场经济的另一条基本规律。由于市场

---

① 《马克思恩格斯全集》第46卷上册,北京:人民出版社,1979年版,第196—197页。
② 《马克思恩格斯全集》第46卷上册,北京:人民出版社,1979年版,第197页。

经济这种固有的优胜劣汰的竞争机制，使个人在竞争中显示出自己的个体自主性，不断开拓创新，锐意进取，从而实现自我价值。社会主义市场经济体制作为一种平权型的经济秩序为个体的竞争提供了前提条件。

自然经济中的特权等级和人身依附已经否定了竞争的存在。很长一段时间我国的社会舆论片面强调人的"默默奉献"，鼓励人们做"螺丝钉""铺路石""老黄牛"，使许多人磨平了棱角，安于现状，不思进取，稍微有点突出就有"枪打出头鸟"的危险，造成了国人唯唯诺诺、胆小怕事的局面。

社会主义市场经济的竞争打破了这潭"死水"。竞争来自两方面：一方面是生产者和消费者面对的优胜劣汰的考验，另一方面是劳动者面临选择职业的竞争。而自由竞争、自主择业是个体自主性实现的主要途径。个体生产经营者可根据市场供求变化决定生产什么，生产多少，为谁生产，他可以适当调整生产规模，调节生产资料、劳动力、资金等生产要素的需求量。市场经济的发展使市场上的消费品种类、数量扩大，质量上升，使个体消费者自由选择的余地扩大，个体消费者可行使主权，自由选择产品，同时维护自身的合法权益。这也就反过来刺激了市场的竞争性，使生产者不但要重视基础的价格竞争：低成本、低定价，而且要以非价格竞争，如以质量、花色品种、交货期、售后服务和信誉跻身市场竞争中。个体劳动者的择业竞争，一方面使个体劳动者能够根据自己的特长、爱好自由选择职业，另一方面也刺激了个体劳动者不断进取，不断提高自身水平，以适应外界环境的变化。而个人的素质和能力的提高本身就是个体自主性的一种实现。在一定范围内，个人可以自由地选择职业、就业部门和生活方式。旧计划经济体制下的劳动用工制度、人事管理制度、户籍管理制度受到了市场经济体制的冲击。用人单位与个人之间实行的是双向选择，人们可以有一定能力去支配自己的劳动活动,成为自己劳动能力的主人。正因为有了竞争,人们不断从封闭走向开放,不断调整自己的位置,不断审视自我,面对外界的压力,敢于实现自我的超越与重建自我。

(三)个体利益的权利系统激发了个体自主性

社会主义市场经济是以满足主体利益需求为目标的。市场主体之所以拥有意志、行动的自主权,是因为他们对商品享有所有权,他们的生产活动,互相进行的交换活动就是为了满足自己本身的个体利益,个体利益在契约关系中取得平衡。个体利益的追求也就成为了个体存在、个体得以自我实现的标志。过去在旧体制下,我们对个体利益讳莫如深,弄不清个体与集体的辩证关系,认为讲集体就不能讲个人,讲个体利益就是极端个人主义,把个体利益与集体利益绝对对立起来。这样做恰恰把集体主义推向极端,使人们产生逆反心理。在这种集体系统中,个人是微不足道的,成为随时有可能被更换的零件。其实马克思主义并不是排斥个人利益的。马克思说:"把人和社会连接起来的唯一纽带是天然必然性,是需要和私人利益。"[①]毛泽东也指出:"马克思列宁主义的基本原则,就是要使群众认识自己的利益,并且团结起来,为自己的利益而奋斗。"[②]

在社会主义市场经济体制下,更不能忽视个体利益,个体利益是市场经济的动力机制,是它激发了人的个体自主性。目前社会上一些人一味钻在钱眼里,为自身利益的获得不择手段,损害国家、集体的利益。有些人认为这是搞市场经济引起的,其实这并非市场

[①]《马克思恩格斯全集》第 1 卷,北京:人民出版社,1956 年版,第 439 页。
[②]《毛泽东选集》第 4 卷,北京:人民出版社,1991 年版,第 1318 页。

经济的产物,恰恰相反是由于市场机制不完善的原因。有些人认为重视个人利益,强调个体自主性,会导致个人主义的产生,这是不必要的忧虑。其实,人的个体自主性越强,社会责任感也就越强。一个对社会、集体不负责的人,很难想象他是个自主的人。脱离外部世界的约束,表面看起来很"自由",却是一种逃避行为,破坏了与外部世界构成的主客关系,使自己成为一个消极者、被动者。不顾及他人利益与集体利益,个人利益最终也不可能实现。社会主义市场经济体制是在公有制基础上建立起来的,它必定要协调好个人利益与集体利益二者的关系,正确引导好个人利益,不但不会损害集体利益,相反还会有益于集体利益。所以正确地引导个体利益的实现是我们亟需解决的问题,可以说能否成功地运用利益原则调动的人积极性,是评价一个社会、一种制度合理与否的重要尺度。

(四)注重责任与秩序的价值体系保障了个体自主性

社会主义市场经济体制是建立在理性基础上的法理型经济。一方面,市场主体的意志和行为不是绝对自由的,他们必须承担一定的责任和义务,受国家法律和道德规范的限制,运用市场规则来规范自己的行为。另一方面,国家对市场具有宏观调控作用。为了使市场活动井然有序、有条不紊,国家需要对市场进行管理和有效干预。马克思分析过:"只要现状的基础即作为现状的基础的关系的不断再生产,随着时间的推移,取得了有规则的和有秩序的形式,这种情况就会自然产生;并且,这种规则和秩序本身,对任何要摆脱单纯的偶然性或任意性而取得社会的固定性和独立性的生产方式来说,是一个必不可少的要素。"①个体自主性实现的保障是制

---

① 《马克思恩格斯全集》第25卷,北京:人民出版社,1974年版,第894页。

度与秩序。"要是自主的个人之间没有起码的公共价值,要是自由主体之间没有起码的共识和共同判断,作为合作体系的社会不可能存在,起码的社会秩序就不可能得到有效的保障。"①

要大力发展社会主义市场经济,就必须建立起与市场经济相适应的一套法律法规,包括市场规则、企业行为规范以及政府行为规范等,这样才可避免市场陷入混乱与失衡状态之中。建立社会主义市场经济体制,就是要使市场在国家宏观调控下对资源配置起基础性作用。市场有自我调节、自我控制的功能。但市场和社会产生的无序性必须由政府出场调控。市场经济不但要发挥个人的自主性,如资产选择权、择业权、选购权等,而且还要承担个人的风险和责任,如失业、投资失败,生老病死的福利保障等,而且更重要的是加强公民的责任权,维持市场经济的秩序性。否则,个体自主性的发展环境就有可能恶化,公正性就得不到维持,个体自主性的发展也便成了一句空话。所以,一方面要打破旧的体制下人的依赖关系,充分发挥个体自主性,另一方面又要避免因忽视市场责任与秩序带来的混乱局面,谴责不想承担风险与责任的心理,用法律手段来处置那些逃避责任、投机暴富的违法行为,从而对个体自主性的生成起保障作用。

(五)开放的经济系统扩大了个体自主性

在社会主义市场经济体制下,个体自主性渗入到社会领域各部分,改变了人们的价值取向与思想观念。在政治上,民主、法制的观念加强了,"在法律面前人人平等",破除了"权大于法"的观念。

在文化上,提倡"双百"方针,创作自由。"一定要坚决执行百花

---

① 邹吉忠:《自由与秩序》,北京:北京师范大学出版社,2003年版,第240页。

齐放、百家争鸣的方针,一定要坚决执行不抓辫子、不戴帽子、不打棍子的'三不主义'的方针,一定要坚决执行解放思想、破除迷信、一切从实际出发的方针。"①

在道德上,破除了旧有的封建等级观念、愚忠观念、人身依附观念,还破除了嫉贤妒能的观念,人人都有均等的机会施展才干。在社会生活方式方面,人们也获得了更多的自主性,使生活更加自由、充实和丰富多彩。物质文化生活水平的提高,人们的活动方式趋向高效率、快节奏,使人们更加看重对闲暇的支配。

在文化娱乐方面,人们利用闲暇从事自己喜爱的娱乐活动、户外活动;或者利用闲暇读书学习,不断提升自己、超越自己。在社交方面,人们不断从封闭走向开放,社交能力成为衡量一个人素质的重要方面。

在婚姻、家庭方面,自主的观念表现更突出,过去"男主外,女主内""男自主、女依赖"的观念已经受到很大冲击。更多的妇女走出家庭,参加各类工作和社会活动,婚姻自主的观念在城市已深入人心,男女都有选择配偶的自由和结婚的自由。同样,也有离婚的自由,还有独身的自由。

在我国经济发展较为活跃的地区,区域内或者区域间人口的流动比较频繁,频繁的人口流动必然对旧有的社会经济、生活方式、价值观念、道德范式形成一次次冲击的浪潮。改革开放以来,市场经济允许各种不同的经济成分同时存在,市场主体的多元化、利益的多元化必然带来思想观念、价值取向的多样化。市场经济的对外开放性必然会加强对外文化交流,从而更增强思想观念、价值取向的多样性。面对目前这种多元价值观并存的现状,我们要做的就

---

① 《邓小平文选》第 2 卷,北京:人民出版社,1993 年版,第 183 页。

是使其有序化,在实践层面达到"多而不乱,一而不僵",从而建构起一种和谐有序的新型价值体系,促进个体自主性的进一步生成与发展。人的本质是一切社会关系的总和,个体自主性正是在各种社会关系中得以表现与确证的。

(六)以珠江三角洲地区个体自主性生成为例

在整个中国内地来说,个体自主性的生成与发展走在前列的应该是珠江三角洲地区。这一方面有历史的原因,另一方面,和这里的现实发展条件也密切相关。

珠三角地区个体自主性意识的强化有一定历史的传统。我国封建社会内部出现过两次个体自主性意识的觉醒。第一次是在魏晋时期。而东晋末年因战乱而大举南迁的士族、知识分子必然会把"越名教而任自然"的"魏晋风骨"带到珠三角地区保留下来。第二次个体自主性的觉醒是在明中叶进入明末期。异端思想是在移民文化的氛围中发展起来的,它又随着人口流动广泛地影响到珠三角的其他地区。岭南地区古时因地处偏远、瘴疠横行,为蛮荒之地,而常成为犯人流放地的首选。在历朝历代被流放的人中,不乏一些因不与朝廷同流合污而被贬谪的官员,他们特立独行的风格被当地的居民传诵,也影响了当地。如最为我们熟悉的柳宗元、韩愈、苏东坡等人。珠三角地区又因多有边疆、海域之地,常得到外来文化的熏陶。到近代更是西学传播与兴盛的发源地。在广东就出了容闳、郑观应、康有为、梁启超、孙中山等西学倡导者。他们提倡人权觉醒、人格独立和理性自主的思想极大地推动了整个中国近代社会文化的发展,对传统的整体主义价值观形成了巨大的冲击。

改革开放后,西方的价值观念被大量传播到中国。而西方价值观念最核心的就是个人主义,这种强调个人自由、个人是实现自我的主体的思想对珠三角地区个体自主性价值观的强化影响巨大。但是也要避免出现西方的极端个人主义与非理性主义的个人至上思想,在整体的普遍和谐中寻求个体自主性。如果从中国传统文化的理论渊源,中国不同的历史时期、不同的地域来分析,中国并不是没有弘扬个人主义的传统,也即是说弘扬个人主义并非西方价值观的专利。而从地域来说,珠三角在相当大的程度上因为人口流动这种催化剂自发生成了这一系列的价值观,当然也是对先贤们此类思想的很好保存与诠释。

在历史上,统治阶级为了维护其统治的稳固,必然会确立相应的意识形态,利用强制或非强制的各种手段引导社会的价值取向,形成主流文化。但这并不意味着社会就只有一种思想格调,在学术界或民间会或多或少有不同的声音存在。珠三角地区在中国漫长的历史发展中,一直是人口流动的汇集地,人口的流动带来的是文化、价值观的流动。不同时期的、不同流派的思想、价值观在这里积淀,并随着时代的变迁、朝代更迭和中西方文明的冲撞而发生嬗变。珠三角地区在地理位置上相对偏僻,远离中央,人们可以不受太多条条框框的束缚,可以不受太多"一朝天子一朝臣"的影响,而是根据生存与发展的需要选择适宜自己的价值观,因此显示出了很强的地域性。对此我们不能一概地以西方的价值范式来作为绝对的衡量标准,中西方两种不同的文化在不同的社会背景下会演化出不同的价值范式,它们同样归属于宏大的人类价值体系之中,不能将某一方随意剔除。我们现存的价值范式也不可能由西方的价值范式取而代之。

广东是中国改革开放的前沿阵地。在解放思想、发展商品经济方面,广东一直走在改革开放队伍的前面。同时,广东也比较早、比较多地享受到改革开放带来的成果。改革开放后的珠三角地区,人们的物质生活水平大大地提高了,不少人过上了小康生活。人们在过上富裕生活的同时也意识到，物质财富是人们获得生存与发展的前提条件,但并非是人生的唯一追求。改革开放打开了封闭已久的闸门,人口流动的大潮倾泻而下。许多人迁移流动除了趋利求富的心态,另一个主要目的就是对个体自主性的追求。个体自主性是通过人的自觉活动表现出来的，而这种自觉活动又离不开人的自由流动。珠三角地区人口流动与个体自主性两者之间有着密切的联系。人口流动越是自由、有序地进行,越是表明个体自主性得到了不断的强化。相反,个体自主性的不断强化,又会推动人口流动的自由与有序发展。改革开放以来,在珠三角地区,人们把个体自主性的获得当作了人生的另一主题。在人口流动的大潮中,个体自主性在不同层面上反映出来。人的自主性与过去计划经济下的单位人的区别,集中体现在人有了市场经济所给予的自由和平等。

　　计划经济体制下的户籍制度、劳动用工制度、人事管理制度受到了冲击。一些"洗脚上田"的农民,原先靠几分薄田生活,吃了上顿没下顿,要谈"农转非"难于上青天。改革开放后,他们通过进城经商,开工厂,搞建筑,也能买车买楼,入户城镇,改变了过去农民的身份。一些懂技术的人,在原单位长期受不到重用,优长得不到发挥,精神也极其压抑,胆大的先行一步,跳槽,高薪应聘到某家企业或公司,既为企业与公司创造了财富,又使自己的生活面貌发生了翻天覆地的变化。

　　改革开放以来,计划经济这潭"死水"逐渐被打破了。人们的自主性、自为性、自立性、能动性以及创造性得到了较大程度的发挥,创新进取成为了时代的主旋律。一方面,社会竞争的加大促进了人口流动的产生与发展,另一方面,人口流动又进一步加强了社会竞争力。对于人口流入地的人们来说,大量有知识、有文化、有能力、有体力的人涌人是一种威胁，而新迁入的人面对当地有着各种优势的原住民强势群体也面临一种挑战。同时，大量的外商、外资流入珠三角地区，带来了西方的经营和管理理念，也增大了社会竞争力。面对压力，个人必须不断开拓创新，锐意进取，才能不被时代的车轮抛下，才能在优胜劣汰的竞争机制中保留自己的一席之地。正因为有了竞争，人们摒弃了过去安于现状，不思进取，唯唯诺诺，不敢越雷池半步的做法，从依附走向了独立，从封闭走向了开放，从盲从走向了进取，从自满走向了创新。就凭着这种精神，深圳这座移民城市最早走出了姓"资"姓"社"的藩篱，率先引进外资，发展商品经济，并在改革开放初期缔造了"三天一层楼"的神话，成为人们引以为豪的"深圳速度"。

现代社会日新月异地向前发展，交通工具、通讯设备的不断完善缩短了人们时间与空间的距离，然而人与人之间却越来越缺少必要的沟通和关爱。一些外来人员处在城市的边缘地位，他们往往对城市有排斥的情绪，城市对他们越疏远，他们的情绪就越要爆发。面对日益复杂的社会环境，不少人已经意识到，如果放任这种环境的恶化，那受影响的将是社会的每一个人。我们有必要放弃那种认为"为富不仁"的仇富心理。古人说过"衣食足而知荣辱，仓廪实而知礼节""富而好礼"等话，对我们应该有所启发。许多在改革开放中先富起来的人，他们都积极地参与社会的公益活动。现在在广州、深圳、东莞等经济发展较快的城市，参与"济困、救孤、助残、扶老"活动的人越来越多，营造出了一种互助互爱的社会新风尚。人们也越来越注重外来工的生存环境，人是生而平等的，社会应该对本地人与外地人一视同仁。只有解决好保障问题，统一好人事管理标准，才能调动所有人的积极性，促进人力资源的充分流动，个体自主性也才会有一个良性发展的环境。

四、促进个体自主性生成与发展的基本对策

当前我国的个体自主性还处在生成阶段,发展比较缓慢。个体自主性的生成和发展受多方面因素的制约和影响。由于我国个体自主性生成的起点低,起步晚,我们必须重视对这些制约因素进行研究,采取相应对策,寻找一条发展的通途。

(一)大力发展生产力,完善社会主义市场经济体制

马克思认为,人的发展是以生产力的发展作为动力和前提条件的,自然经济下的小生产者不能成为自主的人,一个重要的原因是生产力落后。"他们的生产方式不是使他们互相交往,而是使他们互相隔离","他们不能代表自己,一定要别人来代表他们。他们的代表一定要同时是他们的主宰,是高高站在他们上面的权威,是不受限制的政府权力,这种权力保护他们不受其他阶级侵犯,并从上面赐给他们雨水和阳光"。[①]新中国成立后长期一段时间, 由于"左"的错误思想影响,我们只顾抓阶级斗争,不重视农业生产,不发展商品经济,结果使生产力发展缓慢,国民经济濒临崩溃。没有生产力的高度发展,人的发展就是空想。因为"社会生产力不仅是社会历史发展的最终决定力量, 而且是社会历史的主体——人的能力的发展,本性的完善、自由的取得的最终决定力量"。[②]正如马克思、恩格斯所言:如果没有生产力的发展,"那就只会有贫穷、极端贫困的普遍化,而在极端贫困的情况下,必须重新开始争取必需

---

① 《马克思恩格斯选集》第 1 卷,北京:人民出版社,1995 年版,第 677—678 页。

② 余少波:《社会生产力新论》,北京:人民出版社,1995 年版,第 443 页。

品的斗争,全部陈腐的污浊的东西又要死灰复燃"。①

生产力其实就是个人自主活动的能力,生产力决定交往形式、生产关系。"这些不同的条件,起初是自主活动的条件,后来却变成了它的桎梏,它们在整个历史发展过程中构成一个有联系的交往形式的序列,交往形式的联系就在于:已成为桎梏的旧交往形式被适应于比较发达的生产力,因而也适应于进步的个人自主活动方式的新交往形式所代替;新的交往形式又会成为桎梏,然后又为别的交往形式所代替。由于这些条件在历史发展的每一阶段都是与同一时期的生产力的发展相适应的,所以它们的历史同时也是发展着的、由每一个新的一代承受下来的生产力的历史,从而也是个人本身力量发展的历史。"②

当某种交往形式与生产力相适应时,个人自主活动处在积极、进步的状态中;而当这种交往形式不再与生产力相适应时,个人自主活动也就处在消极、退步的状态。这种状态下的生产力也就变成了束缚、禁锢个体自主性的反作用力。接着,旧的生产力、已成为桎梏的旧交往方式又将被新的生产力、新的交往形式所取代。发展着的生产力对生产关系起着革命性的作用。随着生产力的发展,人也相应获得更多的自主性,个人本身的力量也不断获得发展,人们离解放就越来越近。解放生产力其实质就是解放人。在解放生产力的过程中,人既是解放的主体,也是被解放的主体。只有在生产力高度发展的条件下,共产主义才能建立,个人才能获得彻底的、全面的解放。

当代中国最鲜明的特点是改革开放。改革开放极大地解放和发展了社会生产力,冲破了束缚生产力发展的体制障碍,推动了社

---

① 《马克思恩格斯选集》第1卷,北京:人民出版社,1995年版,第86页。
② 《马克思恩格斯选集》第1卷,北京:人民出版社,1995年版,第123—124页。

会主义市场经济体制的初步建立；极大地调动了亿万人民的积极性，打开了我国经济、政治、文化、社会、生态全面发展的崭新局面，形成了对外开放的全新格局，实现了新的历史性突破。十一届三中全会以后，党中央重新确立了社会主义最根本的任务是发展生产力的指导思想。

1992 年，邓小平在"南方谈话"中指出，社会主义最根本任务不仅是发展生产力，而且还应包括解放生产力。"计划多一点还是市场多一点，不是社会主义与资本主义的本质区别。计划经济不等于社会主义，资本主义也有计划；市场经济不等于资本主义，社会主义也有市场。计划和市场都是经济手段。社会主义的本质，是解放生产力，发展生产力，消灭剥削，消除两极分化，最终达到共同富裕。"①

党的十八大报告指出："必须坚持推进改革开放。改革开放是坚持和发展中国特色社会主义的必由之路。""必须坚持解放和发展社会生产力。解放和发展社会生产力是中国特色社会主义的根本任务。要坚持以经济建设为中心，以科学发展为主题，全面推进经济建设、政治建设、文化建设、社会建设、生态文明建设，实现以人为本、全面协调可持续的科学发展。"② 大家有目共睹，正是由于有这样正确的思想做指导，改革开放 30 多年来，我国的生产力得到了迅速发展，人民生活水平大大提高了，人的发展也就更上了一个新的台阶。生产力的发展水平制约着人能不能成为自然的主人，同时也制约着人能不能成为自身和社会的主人。现代科学技术日新月异，各门自然科学发展突飞猛进，增强了人们认识自然、改造自然、控制自然的能力。一定的物质基础奠定了精神文化的丰富和

---

① 《邓小平文选》第 3 卷，北京：人民出版社，1994 年版，第 373 页。
② 胡锦涛：《坚定不移沿着中国特色社会主义道路前进 为全面建成小康社会而奋斗——在中国共产党第十八次全国代表大会上的报告》，2012 年 11 月 8 日。

发展,人们不断认识自身,充实自己,提高自己的素质,有更多可自由支配的时间去发展自己的特长和爱好。

我们的社会主义还处在初级阶段,毋庸置疑,跟世界发达国家比起来我国的社会生产力还十分落后,特别是我国的西部等边远地区,不少人还没有解决温饱问题,要谈个体自主性还是很困难的。"人们不能自由选择自己的生产力——这是他们的全部历史的基础,因为任何生产力都是一种既得的力量,是以往的活动的产物"。[①]我们必须正视落后,以现有生产力为基础,创造出新的局面。同时,我们也要看到自己的优势,那就是我们可以直接借鉴后工业文明的新技术,而不用亦步亦趋走西方工业化的老路。

党的十八大报告提出,要加快完善社会主义市场经济体制和加快转变经济发展方式。主要是从几方面入手:全面深化经济体制改革;实施创新驱动发展战略;推进经济结构战略性调整;推动城乡发展一体化;全面提高开放型经济水平。要建立和完善社会主义市场经济体制,一方面,需要国家的宏观调控来克服市场的盲目性,但这种调控是能动的、良性的,不是计划经济那套按照长官意志干扰市场的做法;另一方面,要用法律和道德规范好市场的机制和服务,形成统一、开放、竞争、有序的大市场。结合中国国情和改革开放的实际,大胆吸收和借鉴发达国家的先进经营方式和管理方法,从"封闭型"走向"开放型",积极地将国内市场与国际市场相接轨。建立劳动力市场,促进劳动力资源以及整个社会资源的优化配置;建立以按劳分配为主体的个人收入分配制度;建立多层次的社会保障制度。从而,使社会主义市场经济体制更加充满活力和富有成效,使每个劳动者都充分发挥自己的自主性,真正地实现人民当家做主。

---

① 《马克思恩格斯选集》第4卷,北京:人民出版社,1995年版,第532页。

(二)坚持五位一体的整体理念,建设和谐社会

经济建设、政治建设、文化建设、社会建设、生态文明建设——着眼于全面建成小康社会、实现社会主义现代化和中华民族伟大复兴,党的十八大报告对推进中国特色社会主义事业做出"五位一体"的总体布局。"必须更加自觉地把全面协调可持续作为深入贯彻落实科学发展观的基本要求,全面落实经济建设、政治建设、文化建设、社会建设、生态文明建设五位一体总体布局,促进现代化建设各方面相协调,促进生产关系与生产力、上层建筑与经济基础相协调,不断开拓生产发展、生活富裕、生态良好的文明发展道路。"[①] 只有坚持五位一体建设全面推进、协调发展,才能形成经济富裕、政治民主、文化繁荣、社会公平、生态良好的发展格局,把我国建设成为富强民主文明和谐的社会主义现代化国家。五位一体总布局体现了科学发展观的深刻内涵,是当代中国促进人的全面发展,提高个体自主性发展的必然要求。

新型的民主政治是个体自主性生成和发展的源泉, 社会主义法制则是个体自主性生成和发展的保障。在我国改革开放时期,从人治走向法治,建立起新型的民主政治、健全社会主义法制是当务之急。我国在进行经济体制改革的同时,也要注重进行政治体制改革。党的十八大报告指出,要坚持走中国特色社会主义政治发展道路和推进政治体制改革。主要从支持和保证人民通过人民代表大会行使国家权力, 健全社会主义协商民主制度, 完善基层民主制度,全面推进依法治国,深化行政体制改革,健全权力运行制约和

---

① 胡锦涛:《坚定不移沿着中国特色社会主义道路前进 为全面建成小康社会而奋斗——在中国共产党第十八次全国代表大会上的报告》,2012 年 11 月 8 日。

监督体系等几方面入手。

　　发展社会主义民主政治，健全社会主义法制，这既依赖于市场经济的充分发育，也在很大程度上取决于政府的支持和努力。

　　民主总是与自由、平等联系在一起。民主，简而言之，就是人民当家做主。封建社会只有君主一人高高在上发号施令，其余人"莫非王臣"，芸芸众生被视为"群氓"。"文化大革命"时期，民主建设走进了另一怪圈——"大民主"，也就是极权民主。它奉行的政治原则是"少数服从多数，个人服从集体、集体服从国家，地方服从中央"，出现了多数人的专制，国家代表"公意"，个人意志完全服从公意，政府权力集中，官僚主义、家长制、干部领导职务终身制现象严重，压抑了主体的积极性，延缓了社会政治生活民主化进程。政治体制改革就是要改变这种局面。一是需要改变政治体制的形式，如党政职能分开，权力下放，精简机构，提高效率。二是变革人们的观念行为方式，提高全民的民主意识。这关键是要使社会成员成为自主劳动的主体，政治生活要确定民主的价值原则，一样需要谈人道主义，谈自由、平等、博爱。三是保证公民基本权利的实施，并付诸实践，让人民参与民主决策、民主选举、民主监督，使公民有参政议政的权利。

　　法治的核心内容是以法治国，法制是法治的基础和前提。我们要学会"两手抓"，一手抓民主，一手抓法制建设，民主的实现离不开法律的监督。我们要以法律为本，要求任何人、任何组织和党派都必须遵守法律法规，不能超越于法律之上，更不能凌驾于法律之上。健全社会主义法制也就是能够不断保障和实现公民个人的权利，使个人自由、权利、利益、名誉和尊严不受侵犯。这样，在法治社会里，民主成为了公民的生活方式、思维方式、行为方式，个体自主性自然得以不断发展。

　　人的解放包含多方面多层次，有经济层面的解放，有政治层面的解放,还有思想层面的解放。毋庸置疑,经济解放和政治解放是思想解放的前提条件,没有经济解放和政治解放,思想解放就没有实现的基础。结果,人们更多的是去关注经济和政治层面的解放,而对思想解放就不太重视。但是要知道,没有思想解放的解放是不彻底、不全面的,也是不稳固的。当下,现代科学在不断推进,人们拥有的物质生活资料越来越丰富,但是人的精神世界却越发空虚,价值信仰普遍缺失。可见,思想、精神领域的解放和发展还是摆在我们面前一项严峻的任务。

从历史发展上我们看到,愚昧、野蛮往往是与专制联系在一起的。我国是一个封建社会统治很漫长的国家,封建社会采取的是愚民政策,其残余思想还禁锢着人们的头脑;还有过一段半殖民地时期的奴化思想的作用;加上外国资产阶级腐朽思想作风、生活方式的影响,这些都是来自思想领域方面的不利因素。在文化领域方面,不利因素是我国教育事业比较落后,科技水平总体上也不够高,文化设施基础薄弱。目前,我国群众的素质普遍偏低,文盲半文盲在总人口中所占的比例还很大,民主意识无法深入人心,严重阻碍了个体自主性的发展。

党的十八大报告指出,要在改善民生和创新管理中加强社会建设,加强社会建设,是社会和谐稳定的重要保证。同时,要扎实推进社会主义文化强国建设。建设社会主义文化强国,关键是增强全民族文化创造活力。按照社会发展的趋势,人的素质越高,能力越强,其个体自主性相对越大。在思想文化建设中,改革的目标就是要加强社会主义核心价值体系建设,全面提高公民道德素质,丰富人民精神文化生活,增强文化整体实力和竞争力。建设社会主义文化强国,无疑既要立足于本国,也要吸收外国的优秀成果。

一方面是提高科学技术,"科学是第一生产力",使人成为驾驭自然的真正主体,同时也使得主体自身得到了改造,使主体的劳动方式、生活方式、思维方式发生变化。另一方面是重视上层建筑领域的精神生产,尊重人的尊严与人的价值,用正确的思想、理想、信念、道德、价值观念去塑造人,使个人能发挥出最大的潜力。这两方面的精神生产是个体自主性发展的重要动力。

社会主义核心价值体系在国家层面倡导富强、民主、文明、和谐的价值目标,在社会层面倡导自由、平等、公正、法治的价值布局,在个人层面倡导爱国、敬业、诚实、守信的价值取向。在社会主义建设新时期,我们采用的是"小政府、大社会"的布局,个人、社会、国家三者的利益都是相互影响、相互促进的。在不断完善国家治理体系和社会管理体系的前提下,个人利益应该得到保护,个人的创新能力应该鼓励发挥,这样才能为建设社会主义强国提供有力的支撑。

党的十八大报告提出,要大力推进生态文明建设。建设生态文明,是关系人民福祉、关乎民族未来的长远大计。长期以来,由于我们忽视了人的生态需要,造成了人与社会、人与自然的尖锐矛盾。和谐发展的理念应该是自然、社会、人三者的共生共荣。近代以来,由于人类中心主义的肆虐,人们持续对大自然进行疯狂的掠夺,造成了严重的生态和资源问题,同时,也对人类自身生存与发展构成了巨大的威胁。

恩格斯曾经告诫人们:"但是我们不要过分陶醉于我们对自然界的胜利。对于每一次这样的胜利,自然界都报复了我们。每一次胜利,在第一步都确实取得了我们预期的结果,但是在第二步和第三步却有了完全不同的、出乎预料的影响,常常把第一个结果又取消了……因此我们必须时时记住:我们统治自然界,决不像征服者统治异民族一样,决不像站在自然界以外的人一样,——相反地,我们连同我们的肉、血和头脑都是属于自然界,存在于自然界的;我们对自然界的整个统治,是在于我们比其他一切动物强,能够认识和正确运用自然规律。"①

自然、社会是人生存与发展的空间,如果破坏了自然的生态平衡和社会的良性运转,人也必将失去生存与发展的空间,其主体地位也会消失殆尽。马克思主义生态人学观的目的就是要解决人与自然、人与社会的矛盾,以人的生态需要——既有物质的需要也有精神的需要,既有自然的需要也有社会的需要——为着眼点,去获得人的个体自主性、人的全面自由的发展。

(三)树立公正的价值观,建立良好的社会秩序

自改革开放以来,我国社会经历了前所未有的调整,社会结构变得空前复杂,一些社会矛盾也在不断凸显。和谐社会首先必须是一个公正的社会,还必须是一个有序的社会。只有在一个公正、有序的社会架构中,人才能获得良性的发展,获得自由与自主。

在一段时间里,学者们只是局限在经济领域中讨论"效率与公正"的关系问题,公正的真正意蕴并没有得到阐发。公正的问题应该扩大到整个自然、社会与人的宏大叙事中来进行研究,政府要把公正作为一项基本制度来实施,同时,在人们的价值理念中要牢固树立起公正的理念,才能保障社会和谐发展。

可以想见,一个缺乏公正秩序的社会是不可能成为一个和谐的社会的。政府要通过制定政治、经济和社会的基本制度来保障公正的顺利实施,实现社会的普遍公平,建立起良好的社会秩序。应该说,在这方面我们取得了一定成效。我们逐渐从追求效率优先过

---

① 《马克思恩格斯全集》第 20 卷,北京:人民出版社,1971 年版,第 519 页。

渡到了追求公平与公正。另外,政府也逐渐改变了原来的权力过度集中的做法,采取了以政府为主导的多元合作治理模式,并向以人为本的价值取向转变,把公正作为现代社会发展的基本价值理念,把发展定位在了人的发展上。

公正与秩序是构建和谐社会的规范性基础。社会要有序发展,在很大程度上取决于利益分配的实现公正与否。公正的利益分配的实现主要依赖于一定社会所广泛认同的公正原则。并且,这一原则能体现在行之有效的分配制度当中,它能够使得:其一,每个社会成员都能够在平等自由的基础上进入分配机制(起点的公正);其二,分配机制对介入其间的社会成员充分地开放获得利益的机会(机会的公正);其三,在结果上,保证利益的分配在最大限度上和社会成员的付出相对应(结果的公正);其四,在社会正义原则的框架内,充分考虑最少受惠者的利益实现,并对分配机制违背公正原则的进行及时的矫正(调节的公正)。[①]在中国社会改革开放新时期,面对来自社会各阶层的诸多要求,政府在其中要起到协调作用,从而为提供稳定和谐的社会公共秩序奠定基础。

"公正是社会主义制度的首要价值。将公正的价值观作为现实生活的基本原则,达到人与自然、人与社会、人与人以及人与自身的和谐,实现人人平等和每个人都能自由而全面发展,是科学社会主义的根本原则和基本要求,也是社会主义制度的优越性之所在。"[②]公正有序的价值取向是现代公共社会生活发展的必然选择,否则人的全面发展就会成为一句空话。

[①] 参见王小锡:《实现和谐社会的道德思考》,载《伦理学研究》2005 年第 3 期。
[②] 方世南:《坚持社会主义五位一体的整体公正理念》,载《学习论坛》2014 年第 9 期。

第四章
社会进步与个体自主性

社会进步首先是指社会生产力的进步，其次是指建立在生产力基础上的整个社会的全面进步。我国改革开放新时期,社会主义市场经济体制已经初步建立起来,随着市场经济的完善,个体自主性也将逐步发展。只有到了共产主义社会,个体自主性才得以随人的全面自由发展而充分发展。

一、社会进步与个体自主性的辩证关系

社会进步与个体自主性是相辅相成、相互促进的。个体自主性的发展是个体成熟的标志,也是衡量社会进步的尺度。约翰·密尔认为个性是人类福祉的因素之一，个性的获得是个人进步和社会进步的标志:"凡在不以本人自己的性格却以他人的传统或习俗为行为的准则的地方那里就缺少着人类幸福的主要因素之一，而所缺少的这个因素同时也是个人进步和社会进步中一个颇为主要的因素。"[1] 同时,社会进步了,个体自主性也就相应地有所提高。

马克思认为社会的进步就是新的交往形式代替旧的交往形式的过程,也就是生产力发展,个人自主活动不断进步、个人本身力量发展的历史。我国改革开放新时期,"五位一体"的新型体制已经初步建立起来, 这就为个体自主性的生成与发展提供了契机与条件。同时个体自主性反作用于社会主义市场经济,促进社会不断进步和发展。

首先,个体自主性与社会生产力是相互作用的。"个人的充分发展作为最大的生产力反作用于社会劳动生产力。可见,没有社会生产力的全面发展,人的解放,人的自由的全面发展,就不可能真

---

[1] 〔英〕约翰·密尔:《论自由》,程崇华译,北京:商务印书馆,1996年版,第60页。

正变成现实。"①

其次，个体自主性与民主政治、精神文明建设也是相互作用的。只有在民主政治下，社会成员的主体地位才得到真正确立，社会成员才能成为自主劳动的主体；而自主劳动的主体必然会衍化为具有自我意识和民主意识的主体，个体自主性的发展与外在制度的契合才能造就出民主政治。

作为精神文明基础的精神生产包括主体自主意识的生产，人必须依靠精神生产才能成为真正自主的人，而个体自主性的发展将使主体发挥出最大的潜力与智慧去从事精神生产，使精神生产成为自主的劳动。社会主义市场经济不但是发展经济的过程，也是完善人的过程；个体自主性的发展内含巨大的创造力，与我们社会主义市场经济兴衰成败息息相关。总而言之，"市场经济的客观环境与经济主体或人的独立自主性是相辅相成的，一方面是市场客观环境造就了各经济主体或人的独立自主性，另一方面经济主体或人的独立自主活动又促进市场经济不断繁荣和发展起来。"②

在衡量社会进步上，是使用人的尺度，还是使用生产力的尺度，学术界有不同的意见。我们要看到，生产力的发展本身就是人的发展，生产力尺度内在的就是人的尺度。其实生产力尺度与人的尺度是内在统一的，二者不是绝对对立的。但是，我们必须要正确地认识什么是发展。单纯的生产力水平的提高并不意味着就可以促进人的全面发展。可以说，我们党的科学发展观就蕴含以人为本的理念，就是要把经济、社会的发展与人的发展辩证统一起来。

科学发展观的确立是马克思主义中国化与中国化马克思主义

---

① 余少波：《社会生产力新论》，北京：人民出版社，1995年版，第92—93页。
② 赖相桓主编：《市场经济辩证法》，广州：广东高等教育出版社，1996年版，第361页。

的理论结晶，为我国今后社会主义社会发展提供了崭新的理论视角，也为我们提供了衡量社会进步的标杆。我们要正确地把握科学发展观的实质内涵，避免出现理论误区，克服过去因片面追求经济增长造成的负面影响，努力实现国民经济持续快速协调健康发展和社会的全面进步。科学发展观的确立是党中央基于对"世情""国情""党情"的深刻洞察，把当今世界和当代中国的发展趋势同我国社会主义的自我完善和发展，同实现适合中国国情的现代化建设的宏伟目标和各项任务联系起来做出的科学决策，涵盖了中国新时期的"大势""大局""大任"，明确了当前形势下中国社会如何更好地发展、为谁发展的问题。要切实把握好科学发展观，第一，发展观不能等同于进化观。进化并非在任何时候、任何场合都带有自觉意识，而发展是人们自觉努力的结果。进化论的出现相对过去的循环论和倒退论，不能不说是一种进步。但是面对复杂的社会系统问题仅仅把进化论引入就想说明和解决问题是非常幼稚的想法。社会发展过程中有必然的决定因素，也存在许多偶然的因素，还要考虑系统中各个因素的相互作用、相互影响。第二，不能把增长简单地等同于发展和社会进步。增长在很大意义上是数量的扩张，而发展则不是一种简单的量的扩张，更重要的是一种新质的形成，是人类的发展，即以人为本的发展。第三，确立科学发展观绝不是要轻视经济发展，而是要使经济发展与社会发展齐头并进，互利互动。经济发展不是盲目地发展，而是必须有一个明确的方向、目标，也就是说为"什么"发展和为"谁"发展的问题。那在我们新时期就是为了社会进步，为了最广大人民群众的根本利益而发展，我们的最终目的就是要实现每个人全面自由的发展。

　　过去我们认识中国国情与实际时，大多忽略了一个重要的方面，那就是中国传统文化。马克思主义哲学的中国化无法回避对中国传统文化的当代阐释,也即是说,对中国传统文化的当代阐释是马克思主义中国化的题中应有之义。我党提出的"以德治国"方略和"小康社会"的目标都从传统文化中吸取了一些可被当今所利用的理论资源。有些人可能会因为我们近代落后挨打而归罪于整个中华民族文化,认为我们的古老文明在当代已无多少价值。其实这种看法是片面的。

首先,我们应该弄清楚,在高一级的社会里是否意味着这一时期的所有观念都比前一时期的观念进步呢?未必如此。例如,资本主义生产的唯一目的就是追求高额利润,资本家过度生产,过度消费,疯狂掠夺地球上的有限资源。这些观念不能不说比这之前任何时期都落后。资本主义经济的发展伴随的是各类污染,道德沦丧,人性异化。而更可怕的是这些落后的观念随着资本主义生产方式的全球化而被带到世界各个角落。比如,生态危机就被更多地转嫁到发展中国家,从而使人与自然的矛盾成为全球性的、全人类的共同矛盾,并由此衍生出更多的经济、政治、社会矛盾。其次,中华民族文化是从一开始就落后还是有一个逐步落后的过程。如果说中华民族文化从一开始就是落后的,就解释不了中国几千年的文明是从何而来的。中华民族曾在理论研究、发展生产、发明创造三大领域取得了很大的成就。我们源头经典中的文化有八大特征:天人合一,效法天地;以人为本;革故鼎新;尚象制器;选贤与能;合和人际;协和万邦;居安思危。① 这些理论对我们今天坚持以人为本,走适合中国国情的社会主义发展道路来说,还是有许多可借鉴和可吸收的成分的。

---

① 刘明武:《"三纲"是孔孟之道吗?》载《学术研究》2003 年第 3 期。

二、从回归现实生活世界观到以人为本的价值取向

1978 年,举国上下进行了一场真理标准问题的大讨论,迎来了人们思想的大解放。通过真理标准的讨论,使人们从"两个凡是"的现代迷信束缚下解放出来。这次讨论启动了思想解放的"总闸",从哲学的解放为发端,促使人们重新认识马克思主义哲学作为科学的性质,使人们从迷信、依赖、"唯书""唯上"的樊笼中解放出来,坚持用实践发现真理、检验真理、发展真理。这次讨论确立了实践的权威,同时创立了当代中国的马克思主义——邓小平理论。邓小平理论就是马克思主义在适应时代新特点的过程中更新内容、改变形式的产物。改革开放 30 多年来,中国特色社会主义理论在中国社会主义实践进程中不断得到补充和发展,中国特色社会主义道路、理论体系、制度三者统一于中国特色社会主义伟大实践,是中国特色社会主义最鲜明的特色。从邓小平理论的创立到以人为本的科学发展观的提出,都体现了解放思想与改革开放是紧密联系在一起的,发展是时代的最强音。中国改革开放的发展,其中就包含促进人的全面发展。

(一)邓小平现实生活世界观的指向

邓小平不是一个专门的哲学家,邓小平理论体系也没有专门探讨哲学问题。但是,如果我们从追寻问题的思考方式、思维方式和确立思考的对象方式去看——即从哲学的方式上去研读邓小平的理论;如果我们从基于当下的社会生活的层面上去解读邓小平理论;如果我们从中国的社会政治思想发展的角度去观照邓小平理论,我们不难找寻到这样一个轨迹:即邓小平以马克思哲学的方

式深刻思考和解读了中国社会主义发展；邓小平从现代生活的角度上，以哲学的方式思考了人的存在，人的根本的价值诉求，在邓小平理论里，是一个蕴涵其中，而又自然澄明的价值核心；还有邓小平理论，使当代中国人真正思考了当代生活下的存在基点，它是当代中国社会政治思想走向世界，当代中国走向全球化的一个真正起点。

1. **实事求是是邓小平现实生活世界观的精髓。**我们可以把邓小平的世界观理解为"现实的生活世界观"。马克思所要关注和要改造的"世界"，是以人的实践活动为基础的自然、人和社会相统一的"现实生活世界"，它区别于旧唯物主义哲学的"自然世界"和唯心主义哲学的"精神世界"。在马克思那里，作为历史前提的人是自己的实践的产物和结果，"个人怎样表现自己的生活，他们自己就是怎样。因此，他们是什么样的，这同他们的生产是一致的——既和他们生产什么一致，又和他们怎样生产一致。"① 马克思开创了一种新的思维方式，即实践论的哲学思维方式。实践哲学是马克思哲学的基本形态。马克思指出："人的思维是否具有客观的真理性，这不是一个理论的问题，而是一个实践的问题。人应该在实践中证明自己思维的真理性，即自己思维的现实性和力量，自己思维的此岸性。关于离开实践的思维的现实性或非现实性的争论，是一个纯粹经院哲学的问题。"②

邓小平继承了马克思、恩格斯思想的精髓，坚持了实践论的哲学思维方式，提出了"解放思想、实事求是"的路线方针，指导中国在现代社会的改革开放，从而取得了举世瞩目的成就。正如邓小平

① 《马克思恩格斯选集》第 1 卷，北京：人民出版社，1995 年版，第 67—68 页。
② 《马克思恩格斯选集》第 1 卷，北京：人民出版社，1995 年版，第 58—59 页。

自己说的:"实事求是,是无产阶级世界观的基础,是马克思主义的思想基础。"他对实践是检验真理的唯一标准问题的讨论评价很高,认为这是个思想路线问题,是个政治问题,是个关系到党和国家的前途和命运的问题。因此,"只有解放思想,坚持实事求是,一切从实际出发,理论联系实际,我们的社会主义现代化建设才能顺利进行,我们党的马列主义、毛泽东思想的理论也才能顺利发展。"①"人民,是看实践的。人民一看,还是社会主义好,还是改革开放好,我们的事业就会万古长青",②"不要离开现实和超越阶段采取一些'左'的办法,这样是搞不成社会主义的"。③

在"解放思想、实事求是"的基础上,回归现实生活世界就成为了逻辑的必然和历史的必然。

2. 邓小平现实生活世界观就是要回归现实生活世界。邓小平现实生活世界观是对马克思哲学思想的继承和发展,顺应了时代的客观要求。"生活世界"虽然作为一个哲学概念是由胡塞尔提出的,但在马克思那里已经明确提出了哲学的生活转向问题。他指出:"意识在任何时候都只能是被意识到了的存在,而人们的存在就是他们的现实生活过程。""不是意识决定生活,而是生活决定意识。"④正是马克思的实践哲学构想打破了传统哲学在人之外构造的以绝对物质、绝对精神、绝对理性为核心的"实体形而上学",而回到人和人现实地创造价值和意义的生活世界。

现代社会强调生活世界的当下性、在场性,认为生活和生活世界才是意义之源,人们需要时刻面对物质生活、精神生活、文化生

---

① 《邓小平文选》第 2 卷,北京:人民出版社,1993 年版,第 143 页。

② 《邓小平文选》第 3 卷,北京:人民出版社,1994 年版,第 381 页。

③ 《邓小平文选》第 2 卷,北京:人民出版社,1993 年版,第 312 页。

④ 《马克思恩格斯选集》第 1 卷,北京:人民出版社,1995 年版,第 72—73 页。

活处境的变化。"现实的人"就是从事实践活动的人,"感性的活动"就是人的社会实践,"现实的世界"则是人生活于其中的世界。因此,思维与存在的关系问题,在其现实上是以实践为基础的人与其现实生活世界之间历史地发展着的关系。在马克思那里人是现实的人、活生生的人,他要返回的真正的生活世界是一个能动的过程,正如他在《德意志意识形态》中描述成的"能动的生活过程""现实生活过程""日常生活"等。这即是说生活世界是以物质生活为基础和前提的现实生活过程,这是一个不断生成和更新的过程。今天我们所谓说的要"回归现实生活世界",也就是要回归我们现实生活着的本真的、活生生的生活世界,并且指导我们生活的理论也要随着生成的生活世界而不断提升和创新。

新中国成立后很长一段时间,由于受"左"的思想影响,我们一直教条式地曲解经典马克思著作的说法并照搬照抄苏联的模式,在建设社会主义的道路上走了许多的弯路,人民生活水平长期得不到提高。邓小平重新思考了"什么是社会主义"和"如何建设社会主义"的问题,带领中国人民回归现实生活,摒弃"假、大、空"的乌托邦式的社会主义,立足现实,脚踏实地地建设社会主义。

3. 邓小平现实生活世界观是一种以民为本的致思趋向。邓小平以民为本的思想非常丰富,有学者概括为"六个民",即民主、民权、民生、民富、民智和民意。其中民生和民富是以民为本思想的出发点和归宿,民主和民权是实现民生和民富的前提和政治保证,民智和民意是实现民生的根本方法和途径。[①]邓小平的以民为本思想是对马克思主义"人本"宗旨的最好领会,它继承和发展了我党一贯提倡的"人民主体价值观"和毛泽东的"为人民服务"思想。邓小

---

① 参见秦兴洪、廖树芳、武岩:《邓小平"以民为本"思想初探》,载《学术研究》2004 年第 6 期。

平说过："中国的事情能不能办好，社会主义和改革开放能不能坚持，经济能不能快一点发展起来，国家能不能长治久安，从一定的意义上说，关键在人。"①这里的"人"指的是广大的人民群众，包括工人、农民和知识分子。

邓小平一贯反对把体力劳动者与脑力劳动者对立起来的做法。邓小平不是去谈抽象的人，而是从现实的人出发，把人看成是具体的、历史的、社会的人；邓小平关注个体的人，就是关注广大的人民群众的根本利益，把人、人民和人民生活放在了思考的第一位。他提出"三个有利于标准"，其中把是否有利于提高人民的生活水平作为目前工作的最高标准。可以说邓小平的人学思想中"以民为本"的思想是其基本的出发点和根本的立场。邓小平"以民为本"的思想理念集中体现在以下几方面。

第一，尊重人民，关心人民。邓小平常说："我是中国人民的儿子，我深情地爱着我的祖国和人民。"这句话也许最能反映邓小平关注民生的思想。他深入实际，调查民情，时刻关注人民群众的生产生活问题，一切着眼于人民的利益。针对过去长期歧视知识分子的错误思想，邓小平反复强调要尊重知识，尊重劳动，尊重人才。②他积极倡导落实知识分子政策，改善知识分子的生活待遇和社会地位。"改革经济体制，最重要的、我最关心的，是人才。改革科技体制，我最关心的，还是人才。"③

第二，相信人民，依靠人民。邓小平把调动工人、农民、知识分子的积极性作为政治体制改革的一项目标，通过农村改革，把生产经营的自主权力下放给农民；通过城市经济体制改革把权力下放

---

① 《邓小平文选》第3卷，北京：人民出版社，1994年版，第380页。

② 《邓小平文选》第2卷，北京：人民出版社，1993年版，第40、50页。

③ 《邓小平文选》第3卷，北京：人民出版社，1994年版，第108页。

给企业和基层,广泛调动工人和知识分之的积极性,让他们参与管理,实现管理民主化。① 可以说人民群众是生产力诸要素中最积极最活跃的要素,没有人民群众的主体地位就没有社会主义,就建设不了社会主义。以民为本,这是社会主义国家的本质要求,也是社会主义建设的题中应有之义。邓小平就明确指出:"我们党提出的各项重大任务,没有一项不是靠广大人民的艰苦努力来完成的。"② 他多次提到要把"人民拥护不拥护""人民高兴不高兴""人民赞成不赞成""人民答应不答应"作为标准来衡量一切工作的得失成败,作为制定各项方针政策的出发点和归宿。可以说邓小平的现实生活世界观确立了以人民为主体的价值观和评价观的统一。

第三,解放人民,发展人民。邓小平的现实生活世界观把人民群众从"左"的思想束缚中解放出来,从闭关自守、孤芳自赏的怪圈中解放出来,从只图温饱的简单生活模式中解放出来。通过改革开放,解放和发展生产力,真正从政治制度和经济制度上确立了人民的主体性地位,最大限度地调动了人民的主动性、积极性和创造性。邓小平坚持了马克思主义人的自由全面发展的思想,强调劳动者的思想素质和文化素质对我国社会发展起决定的作用。他提出"两手抓",既要抓物质文明建设,又要抓精神文明建设,为人的全面发展提供物质基础和精神基础。邓小平把培养人、教育人、选拔人和使用人提到了战略性的高度。他认为要提高人民群众的素质,"根本问题是教育人""现在要抓紧发展教育事业",③ 从而培养出"四有"新人。

4. 邓小平现实生活世界观同时也引发创造性思维和开放性思维的生成。邓小平的创造性思维和开放性思维是在"解放思想、实

---

① 《邓小平文选》第 3 卷,北京:人民出版社,1994 年版,第 180 页。
② 《邓小平文选》第 3 卷,北京:人民出版社,1994 年版,第 4 页。
③ 《邓小平文选》第 3 卷,北京:人民出版社,1994 年版,第 163、9 页。

事求是"的基础上形成的，也是在了解了国际、国内的实际情况的基础上形成的。是一种"面向现代化，面向世界，面向未来"的全方位的、高瞻远瞩的、审时度势的思维。改革开放最主要的就是摆脱过去束缚人、压抑人的局面，发挥出人们建设社会主义的主动性、积极性和创造性。"改革开放胆子要大一些，敢于试验，不能像小脚女人一样。看准了的，就大胆地试，大胆地闯。深圳的重要经验就是敢闯。没有一点闯的精神，没有一点'冒'的精神，没有一股气呀、劲呀，就走不出一条好路，就干不出新的事业。"①

　　创造性思维在本质上也就是开放性思维。邓小平借鉴了古今中外的历史经验，指出开放使人发展，封闭使人落后。现在的世界是开放的世界，任何国家要发达起来，闭关自守都是不可能的。我们过去长期关起门来搞建设，结果越来越落后。之所以会产生这样的思想，一方面是习惯于"社会主义好，资本主义糟"的宣传，另一方面是习惯过一种共同贫穷的"社会主义"。长期以来我们仅从生产关系的范畴去理解社会主义，以为只要实行了生产资料的公有制就是实行了社会主义制度，仅仅看到了公有制和私有制的对立。是邓小平首先突破了这种狭隘的思想，指出"贫穷不是社会主义"。他说："经济长期处于停滞状态总不能叫社会主义。人民生活长期停止在很低的水平总不能叫社会主义。"②在改革开放初期邓小平就直截了当地指出，社会主义首先要发展生产力，社会主义也可以搞市场经济。并且大胆地提出让一部分人先富起来，让先富的带动后富的，最终达到共同富裕的思想。不要老是纠缠于姓"社"姓"资"的讨论，而是要大胆吸收和借鉴人类社会包括资本主义发达国家

---

① 《邓小平文选》第3卷，北京：人民出版社，1994年版，第372页。
② 《邓小平文选》第2卷，北京：人民出版社，1993年版，第312页。

的一切文明成果,抓住时机,发展自己。

"实事求是"与"为人民服务"是马克思主义的两条根本原理和两条最高原则。邓小平现实生活世界观的实践指向和生活指向把这两条根本原理和两条最高原则很好地统一和结合起来,从而指导着社会主义理论和实践的不断创新和发展。邓小平以民为本的思想对指导中国社会主义改革开放意义重大,正是由于重视人、重视人民,才能不断解放人的思想,解放人,解放生产力。

(二)以人为本的新型价值观

党的十六届三中全会《中共中央关于完善社会主义市场经济体制若干问题的决定》中明确指出,要"坚持以人为本,树立全面、协调、可持续的发展观,促进经济社会和人的全面发展"。十七大报告中指出:科学发展观"是马克思主义关于发展的世界观和方法论的集中体现";又指出:"科学发展观,第一要义是发展,核心是以人为本,基本要求是全面协调可持续,根本方法是统筹兼顾。"① 有学者认为:"当代中国共产党提出的'以人为本'的社会主义和谐社会建构,就是对人道主义精神和唯物史观的'人道'维度的接纳,绝非是一种对资产阶级人道主义意识形态的退让,也并非把唯物史观加以人道主义化。"② 这种认识是很中肯的。

1. 以人为本作为科学发展观的基本原则是马克思主义理论本身的要求和社会发展现实的需要。在马克思主义视域中,以人为本是对以物为本、以神为本的反叛。人是认识世界的主体,也是改造世界的主体。人民群众是历史的创造者,也是社会的创造者。马克

---

① 胡锦涛:《高举中国特色社会主义伟大旗帜 为夺取全面建设小康社会新胜利而奋斗——在中国共产党第十七次全国代表大会上的报告》,2007 年 10 月 15 日。

② 周峰、文卫勇:《唯物史观中的人道主义维度》,载《学习与实践》2011 年第 11 期。

思在《哲学的贫困》中就指出，人既是他们本身的历史剧的剧作者又是剧中的人物。[①]在变革社会、发展社会中，人民群众是主体。要发挥人民群众作为主体的作用，就要提高他们的自主性和创造性，按照规律发展社会，与自然和谐相处。可以说，以人为本是马克思主义的核心价值观，人的全面自由发展是以人为本的根本价值取向。

以人为本，就是以人的解放和发展为根本目的，以人的实践活动为基本动力，以人的发展水平为根本尺度。从传统发展观到科学发展观的转变，即从经济发展观到以人为本的发展观，实际上不光是从我国，而且也是从发达国家和其他发展中国家的经验教训中总结出来的，它反映了现代化进程的客观要求和内在逻辑。经济发展不是盲目地发展，而是必须有一个明确的方向、目标，也就是说为"什么"发展和为"谁"发展的问题。那在我们新时期就是为了社会进步，为了最广大人民群众的根本利益而发展，我们的最终目的就是要实现每个人全面自由的发展。正因为如此，我们要确立起以人为本的发展思想，改变过去单一、线性的思维模式，从单纯强调工业化的经济增长转向强调经济和社会的协调发展；从单纯强调物质财富的积累转向以人为本，人的全面发展；从一味地征服自然，向自然索取转向人与自然的和谐共处。真正地把人民群众的根本利益作为工作的出发点和归宿。

2. 中国特色社会主义理论体系的核心是以人为本。我们要坚持马克思主义的人本观，全面理解以人为本的含义，做到尊重人、解放人、依靠人、发展人、为了人。社会主义新时期的发展就是"为人的""属人的"发展。科学发展观的价值取向是以人为本的人文价值观，是立足于人的全面发展和幸福和谐的人本观念。科学发展观

---

① 参见《马克思恩格斯选集》第1卷，北京：人民出版社，1995年版，第147页。

坚持以人为本的本质核心,抓住"为了人、依靠人、尊重人"这个根本问题,要坚持发展为了人民、发展依靠人民、发展成果由人民共享。坚持以人为本的科学发展观,一是社会主义的根本目的是满足人民的利益,实现人民的愿望,而不是满足某一两个小团体的利益,更不是哪一个阶级的利益,走共同富裕的发展道路,全面建设惠及十几亿人口的小康社会,便是以人为本的体现;二是我国改革开放以来人民群众始终是改革开放的主体,是改革开放之动力源泉,更是全面建设小康社会的主力军;三是人民利益是全面、协调和可持续发展的最根本的价值导向和价值尺度,就是我们所获得的发展是否符合人民的利益,只有符合了人民的利益我们的工作才能获得真正的社会价值。

社会主义所说的人,是指"人民",社会主义的发展,说到底是人民自己的发展,是人民作为社会主体和国家主人翁的自我发展,这是以人为本和人的全面发展在社会主义实践的本真含义。

3. 以人为本的理念充分体现了为人民服务的价值观念。正是因为"社会主义文化更加繁荣,同时人民精神文化需求日趋旺盛,人们思想活动的独立性、选择性、多变性、差异性明显增强,对发展社会主义先进文化提出了更高要求",所以"必须坚持以人为本。全心全意为人民服务是党的根本宗旨,党的一切奋斗和工作都是为了造福人民。要始终把实现好、维护好、发展好最广大人民的根本利益作为党和国家一切工作的出发点和落脚点,尊重人民主体地位,发挥人民首创精神,保障人民各项权益,走共同富裕道路,促进人的全面发展,做到发展为了人民、发展依靠人民、发展成果由人民共享"。[①]

---

① 胡锦涛:《高举中国特色社会主义伟大旗帜 为夺取全面建设小康社会新胜利而奋斗——在中国共产党第十七次全国代表大会上的报告》,2007 年 10 月 15 日。

以人为本的理念充分体现了为人民服务的价值理念。这种理念把现实的人作为社会主义的主体和中心，以满足现实的人的物质文化需要，提升人的综合素质，实现人的全面发展为价值取向和发展目标。要牢固树立全心全意为人民服务的思想，始终把最广大人民的根本利益放在第一位。要树立以人为本，全面、协调、可持续的科学发展观，关键一点是要在抓发展中切实做到立党为公、执政为民。不能单纯地以经济指标作为衡量干部政绩的标准。强调各级领导干部要做到"权为民所用、情为民所系、利为民所谋"。同时要完善各类监督约束机制，层层抓落实，确保政府各项决策的公平、公正、公开。

三、每个人的自由发展是一切人的自由发展的条件

共产主义社会人的全面自由发展，个体自主性才得以充分发展。在《德意志意识形态》中，马克思、恩格斯说："在真正的共同体的条件下，各个人在自己的联合中并通过这种联合获得自己的自由。""只有在共同体中，个人才能获得全面发展其才能的手段，也就是说，只有在共同体中才可能有个人自由。"[1] 个人的独立性和普遍性的统一就是每个人自由个性的全面发展，这也是整个马克思学说的理论旨趣所在。

马克思曾将社会划分为三大形态来阐述人的发展与社会进步的相互关系。在《1857—1858 年经济学手稿》中，马克思提出人类社会发展的三大形态："人的依赖关系（起初完全是自然发生的），是最初的社会形式，在这种形式下，人的生产能力只是在狭小的范围

---

[1]《马克思恩格斯选集》第 1 卷，北京：人民出版社，1995 年版，第 119 页。

内和孤立的地点上发展着。以物的依赖性为基础的人的独立性，是第二大形式，在这种形式下，才形成普遍的社会物质交换、全面的关系、多方面的需要以及全面的能力的体系。建立在个人全面发展和他们共同的、社会的生产能力成为从属于他们的社会财富这一基础上的自由个性，是第三个阶段。第二个阶段为第三个阶段创造条件。"①

马克思将社会划分为"人的依赖关系""物的依赖关系""自由个性"三大形态。所谓"人的依赖关系"形态也就是自然经济阶段。当时生产力极为低下，发展缓慢，人受控在自然手里，人与自然、人与社会、人与自我是处在一体化状态中，自主意识十分薄弱。正如马克思描述的："这些田园风味的农村公社不管看起来怎样祥和无害，却始终是东方专制制度的牢固基础，它们使人的头脑局限在极小的范围内，成为迷信的驯服工具，成为传统规则的奴隶，表现不出任何伟大的作为和历史首创精神。"②所以在此阶段上"无论个人还是社会，都不能想象会有自由而充分的发展"。③

"物的依赖关系"形态也就是商品经济阶段。分工和交换的发展打破了单一的血缘、地域联系，使人与人、人与社会普遍联系起来。人改造自然能力的提高同时也改变了人自身，获得了一定人身自由与自主活动的能力。资本主义商品经济的发展促进了社会生产力的发展，"资产阶级在它的不到一百年的阶级统治中所创造的生产力，比过去一切世代创造的全部生产力还要多"。④同时也变革了社会生产关系，"资产阶级在它已经取得了统治的地方

---

① 《马克思恩格斯全集》第30卷,北京:人民出版社,1995年版,第107—108页。
② 《马克思恩格斯选集》第1卷,北京:人民出版社,1995年版,第765页。
③ 《马克思恩格斯全集》第30卷,北京:人民出版社,1995年版,第479页。
④ 《马克思恩格斯选集》第1卷,北京:人民出版社,1995年版 ,第277页。

把一切封建的、宗法的和田园诗般的关系都破坏了,它无情地斩断了把人们束缚于天然尊长的形形色色的封建羁绊"。① 但是,资本主义商品经济是建立在私有制经济基础上的, 它不可能实现人的真正独立自主,人对物的依赖关系表现明显,个人几乎完全受制于物。这主要表现在受商品和货币的支配,人对金钱顶礼膜拜,金钱与人的地位, 人的价值连结在一起,"它使人和人之间除了赤裸裸的利益关系,除了冷酷无情的'现金交易', 就再也没有任何别的联系了,② 从而使拜物教盛行,拜金主义泛滥。人的社会关系也随之物化,无产阶级把自己的劳动力作为商品出卖给资本家,结果是,"挤在工厂里的工人群众就像士兵一样被组织起来。他们是产业军的普通士兵,受着各级军士和军官的层层监视。他们不仅仅是资产阶级的、资产阶级国家的奴隶,他们每日每时都受机器、受监工、首先是受各个经营工厂的资产者本人的奴役"。③ 总之,"在资产阶级社会里,资本具有独立性和个性,而活动着的个人却没有独立性和个性"。④ "以物的依赖性为基础的人的独立性"表现的是资本主义社会人的生存状态。政治经济学家眼中的人,是与现实的社会没有联系的孤独的个体。

在异化的资本主义社会里, 每个个体都是手段和工具,物反而成为了人的主人。社会主义市场经济是建立在公有制经济基础上的, 它消灭了阶级剥削与阶级压迫,克服了私有制人的异化,与资本主义商品经济有着本质的区别, 为个体自主性的发展开辟了一个崭新的局面。但是,社会主义市场经济仍然是商品经济阶段,还

① 《马克思恩格斯选集》第 1 卷,北京:人民出版社,1995 年版 ,第 274—275 页。

② 《马克思恩格斯选集》第 1 卷,北京:人民出版社,1995 年版 ,第 275 页。

③ 《马克思恩格斯选集》第 1 卷,北京:人民出版社,1995 年版,第 279 页。

④ 《马克思恩格斯选集》第 1 卷,北京:人民出版社,1995 年版,第 287 页。

会有"物的依赖关系"。特别是在社会转型时期,经济基础薄弱,体制不够完善,分工的存在,价值规律的作用使个体自主性还不可能得到充分发展。

"自由个性"形态也就是共产主义阶段。只有到了这一阶段,个人才能得到普遍、自由、全面的发展,个体自主性才得以充分发展,人真正成为了自然、社会和自己的主人。"只有完全失去了整个自主活动的现代无产者,才能够实现自己的充分的、不再受限制的自主活动,这种自主活动就是对生产力总和的占有以及由此而来的才能总和的发挥。"①马克思主义关于个人全面发展理论形成于《德意志意识形态》这一著作中。在那里,马克思、恩格斯生动地描绘了个体自主性充分发展的场面,"而在共产主义社会里,任何人都没有特殊的活动范围,而是都可以在任何部门内发展,社会调节着整个生产,因而使我有可能随自己的兴趣今天干这事,明天干那事,上午打猎,下午捕鱼,傍晚从事畜牧,晚饭后从事批判,这样就不会使我老是一个猎人、渔夫、牧人或批判者。"②个人与个人,个人与社会达到了真正统一,完全克服了异己活动,每个社会成员都从事自主的活动。《共产党宣言》把"在那里,每个人的自由发展是一切人的自由发展的条件"③作为共产主义联合体的基本特征。到了《资本论》中,马克思主义关于个人全面发展理论已经成熟。马克思主义从劳动入手考察人,把人始终作为生产的主体,全面发展的个人就是把各种社会职能当作互相交替的活动方式的人,社会发展最终要以全面发展的人代替片面发展的人。

共产主义是现实的历史运动,它是社会规律发展使然。共产

---

① 《马克思恩格斯选集》第1卷,北京:人民出版社,1995年版,第129页。
② 《马克思恩格斯选集》第1卷,北京:人民出版社,1995年版,第85页。
③ 《马克思恩格斯选集》第1卷,北京:人民出版社,1995年版,第294页。

主义是对异化劳动、自我异化的积极扬弃,是人向自身的全面复归,是对人的本质的全面占有。共产主义消灭了私有制,消灭了阶级对立,解决了人与自然、人与社会,以及人与人之间的矛盾,实现了人与自然的和谐共处,实现了人与人、人与社会的和谐发展。"只有当现实的个人把抽象的公民复归于自身,并且作为个人,在自己的经验生活、自己的个体劳动、自己的个体关系中间,成为类存在物的时候,只有当人认识到自身'固有的力量'是社会力量,并把这种力量组织起来因而不再把社会力量以政治力量的形式同自身分离的时候,只有到了那个时候,人的解放才能完成。"①

只有当人实现了自由全面的发展,人的个体自主性也才能得到最终和全方位的实现。当马克思谈到历史是人的有目的的活动时,这里的"人",着重指人类,每个个人是它们的构成因素;当马克思谈到历史活动时,突出的是人的群体性以及其不同的阶级和阶层;当马克思谈到"人的自由全面发展"时,突出的是个体的"人"与"每个人"。只有马克思才科学地解决了个人与群体、个人与人类、个人与社会等的区别与联系及其辩证统一的问题。而每个人的自由全面发展,联合起来的个人组成的社会,就是"自由人的联合体"。在这个联合体中,每个人的自由发展是一切人的自由发展的条件,也就是进入了真正的自由王国。

我国社会主义建设新时期的任务重心是放在建立和完善社会主义市场经济体制上,而社会主义的最终目标是要实现向共产主义社会过渡。社会主义市场经济是一个不可逾越的阶段,是为进入共产主义创造条件的。在我国社会主义建设新时期,个体自主性的

---

① 《马克思恩格斯文集》第1卷,北京:人民出版社,2009年版,第46页。

生成和发展就为将来共产主义人的全面自由发展奠定了基础。在共产主义社会里,个体的活动达到了充分的自由自觉,人摆脱了自然经济条件下对"人的依赖关系",也摆脱了商品经济条件下对"物的依赖关系",实现了人的"自由个性"的全面发展。

主要参考文献

著 作

[1]《马克思恩格斯选集》第1—4卷,北京:人民出版社,1995年版。

[2] 马克思:《1844年经济学哲学手稿》,北京:人民出版社,2000年版。

[3]〔古希腊〕亚里士多德:《政治学》,吴寿彭译,北京:商务印书馆,1965年版。

[4]〔古希腊〕柏拉图:《理想国》,郭斌和、张竹明译,北京:商务印书馆,1986年版。

[5]〔苏〕伊·谢·科恩:《自我论:个人与个人自我意识》,佟景韩、范国恩、许宏治译,北京:生活·读书·新知三联书店,1986年版。

[6]〔奥〕冯·哈耶克:《个人主义与经济秩序》,贾湛等译,北京:北京经济学院出版社,1989年版。

[7]〔美〕威廉·巴雷特:《非理性的人——存在主义哲学研究》,段德智译,陈修斋校,上海:上海译文出版社,1992年版。

[8]〔匈〕卢卡奇:《历史与阶级意识——关于马克思主义辩证法的研究》,杜章智、任立、燕宏远译,北京:商务印书馆,1992年版。

[9]〔英〕史蒂文·卢克斯:《个人主义:分析与批判》,朱红文、孔德龙

译,北京:中国广播电视出版社,1993年版。

[10] 〔俄〕尼古拉·别尔嘉耶夫:《人的奴役与自由——人格主义哲学的体认》,徐黎明译,贵阳:贵州人民出版社,1994年版。

[11] 〔英〕约翰·密尔:《论自由》,程崇华译,北京:商务印书馆,1996年版。

[12] 〔德〕恩斯特·卡西尔:《人论》,甘阳译,上海:上海译文出版社,2004年版。

[13] 〔英〕詹姆斯·D.马歇尔:《米歇尔·福柯:个人自主性与教育》,于伟、李姗姗等译,北京:北京师范大学出版社,2008年版。

[14] 高清海主编:《马克思主义哲学基础》,北京:人民出版社,1987年版。

[15] 冯契:《中国近代哲学的革命进程》,上海:上海人民出版社,1989年版。

[16] 韩庆祥:《马克思主义人学思想发微》,北京:中国社会科学出版社,1992年版。

[17] 丰子义、孙承叔、王东:《主体论——新时代新体制呼唤的新人学》,北京:北京大学出版社,1994年版。

[18] 邹铁军主编:《自由的历史建构》,北京:人民出版社,1994年版。

[19] 杨金海:《人的存在》,南宁:广西人民出版社,1995年版。

[20] 余少波:《社会生产力新论》,北京:人民出版社,1995年版。

[21] 韩震:《生成的存在——关于人和社会的哲学思考》,北京:北京师范大学出版社,1996年版。

[22] 江畅:《自主与和谐——莱布尼兹形而上学研究》,武汉:武汉

大学出版社,1995年版。

[23] 高齐云:《马克思主义哲学原生形态探微》,广州:广东人民出版社,1998年版。

[24] 张怀承:《天人之变——中国传统伦理道德的近代转型》,长沙:湖南教育出版社,1998年版。

[25] 韩民青:《哲学人类学》,北京:当代世界出版社,2000年版。

[26] 李文阁:《回归现实生活世界》,北京:中国社会科学出版社,2002年版。

[27] 谭培文:《马克思主义的利益理论——当代历史唯物主义的重构》,北京:人民出版社,2002年版。

[28] 许斗斗:《社会的价值批判与建构》,福州:福建教育出版社,2002年版。

[29] 张文喜:《自我及其他者》,北京:当代中国出版社,2002年版。

[30] 张文喜:《自我的建构与解构》,上海:上海人民出版社,2002年版。

[31] 邹吉忠:《自由与秩序》,北京:北京师范大学出版社,2003年版。

[32] 张文喜:《马克思论"大写的人"》,北京:社会科学文献出版社,2004年版。

[33] 沈亚生:《人格　自我与个体性》,长春:吉林人民出版社,2005年版。

[34] 仰海峰:《形而上学批判——马克思哲学的理论前提及当代效应》,南京:江苏人民出版社,2006年版。

[35] 周峰:《人性的消解与历史的实践建构——唯物史观对人道主义历史观的变革与超越》,广州:广东人民出版社,2006年版。

[36] 夏伟东、李颖、杨宗元:《论个人主义思潮》,北京:高等教育出版社,2006 年版。

[37] 顾红亮、刘晓虹:《想象个人——中国个人观的现代转型》,上海:上海世纪出版股份有限公司、上海古籍出版社,2006 年版。

[38] 谭培文:《马克思主义文本与实现的对话——谭培文自选集》,兰州:甘肃人民出版社,2008 年版。

[39] 杜丽燕、尚新建:《回归自我:20 世纪西方人道主义与反人道主义》,北京:华夏出版社,2008 年版。

[40] 刘衍永:《马克思主义个体主体哲学问题研究》,北京:中国言实出版社,2008 年版。

[41] 贾孟喜:《每个人的自由发展何以可能》,广州:暨南大学出版社,2009 年版。

[42] 刘森林:《追寻主体》,北京:社会科学文献出版社,2008 年版。

[43] 叶金宝、罗苹主编:《诠释与澄明:马克思哲学的当代理解》,北京:商务印书馆,2010 年版。

[44] 高家方编著:《马克思主义哲学经典解析》,北京:中共中央党校出版社,2010 年版。

[45] 郭湛:《主体性哲学——人的存在及其意义》,北京:中国人民大学出版社,2011 年版。

[46] 韩民青:《物质进化论的人本哲学》,济南:山东人民出版社,2011 年版。

[47] 刁世存:《新时期中国社会人道主义思潮研究》,北京:人民出版社,2012 年版。

[48] 刘同舫:《理想与现实之间的人类解放境界》,北京:人民出版社,2013 年版。

论 文

[1] 黄克剑:《"个人自主活动"与马克思历史观》,《中国社会科学》1988 年第 5 期。

[2] 沈建国:《论社会发展与人的个性发展》,《社会科学战线》1992 年第 4 期。

[3] 吴增炎:《社会主义市场经济与人的主体意识》,《安徽大学学报(哲学社会科学版)》1994 年第 1 期。

[4] 贺善侃:《主体性意识的二重化结构》,《社会科学》1994 年第 4 期。

[5] 车洪坡:《试论自主意识的创造力》,《学习与探索》1994 年第 4 期。

[6] 杨金海:《论人的主体意识》,《求是学刊》1996 年第 2 期。

[7] 罗苹:《呼唤与契机:个体自主性的形成和发展》,《现代哲学》1998 年第 2 期。

[8] 李文阁:《生成性思维:现代哲学的思维方式》,《中国社会科学》2000 年第 6 期。

[9] 李文阁:《马克思的思维方式》,《教学与研究》2002 年第 8 期。

[10] 徐长福:《劳动的实践化和实践的生产化——从亚里士多德传统解读马克思的实践概念》,《学术研究》2003 年第 11 期。

[11] 韩庆祥:《从人道主义到马克思人学》,《学习与探索》2005 年第 6 期。

[12] 刘歆立:《个体发展与社会基本矛盾——论马、恩社会基本矛盾中个体发展的思想》,《江淮论坛》2006 年第 5 期。

[13] 何中华:《人的个体生存与实践本体论建构——马克思哲学的

一个再诠释》,《理论学刊》2006 年第 11 期。

[14] 邹诗鹏:《何以要回到历史唯物主义研究范式?》,《哲学研究》2010 年第 1 期。

[15] 袁祖社:《谁之"现实"与何种"合理性"——立足"思想史"的视野对马克思哲学研究所做的审视》,《学术研究》2010 年第 2 期。

[16] 陆剑杰:《为"实践唯物主义"再辩护——兼论它同三种版本的"历史唯物主义"的关系》,《学术研究》2010 年第 12 期。

[17] 郝立新、黄志军:《论唯物史观考察人的总体性方法》,《学术研究》2011 年第 6 期。

[18] 侯才:《马克思的"个体"和"共同体"概念》,《哲学研究》2012 年第 1 期。

[19] 张宝英、张群卿:《个人自主性与社会基本矛盾》,《学术研究》2013 年第 4 期。

[20] 孙正聿:《〈资本论〉与马克思主义》,《学习与探索》2014 年第 1 期。

[21] 方世南:《坚持社会主义五位一体的整体公正理念》,《学习论坛》2014 年第 9 期。

[22] 贺来:《"陌生人"的位置——对"利他精神"的哲学前提性反思》,《文史哲》2015 年第 3 期。

[23] 王敏光:《先秦哲学富含个体性思想》,《中国社会科学报》2015 年 6 月 1 日 A06 版。

后　记

　　"个体自主性"是我1997年华南师范大学哲学管理学研究所硕士毕业论文的选题。这一选题是我的恩师、华南师范大学哲学管理学研究所原所长余少波教授提议我研究的。时隔18年，没想到还能以这一选题出版一部著作。这首先要衷心地感谢余老师当年的悉心指导，还有一直以来余老师对我的关心与鼓励！

　　1997年毕业以后，我来到广东省社会科学界联合会，在学术研究杂志社从事哲学编辑工作。《学术研究》杂志很注重发表马克思主义理论研究方面的文章。特别是从2004年起开设了"马克思哲学的当代理解"栏目，组织编发了一批高质量、高品位，能反映出马克思哲学研究最前沿成果的理论文章。我也在编辑过程中加强学习，使自己的马克思主义哲学理论水平不断提高。同时，我还在广东社会主义社会辩证法研究会负责相关的学会工作。研究会重视的是中国社会主义建设的实际问题研究。在张江明、田丰、梁渭雄等老前辈、老领导的提携与帮助下，我逐渐地成长起来，担负起研究会的诸多事务性工作。研究会几乎每两个月就举办一次座谈会，一两年就举办一次全国的大型学术会议。每年，我除了负责会务工作，还要负责编辑出版一部研究会的论文集。在学会工作中，我认识到，除了做纯粹的理论研究外，还要密切关注中国的现实问题，做到理论联系实际。

　　2009 年,广东省委党校《岭南学刊》的副主编武晟申请到了广东省哲学社会科学规划课题"马克思主义个体学研究初探"。他把我邀请来作为课题主要的参加人,使我有机会重新回到马克思主义的个体自主性这个研究领域中来。

　　陕西师范大学政治经济学院、马克思主义学院院长、博士生导师袁祖社教授欣然为本书作序。我的同事、经济学编辑张超,不断鞭策我,让我不敢懈怠,在繁琐的工作之余抓紧写作书稿。广东省委党校哲学部的周峰教授,为本书提供了西方启蒙思想和人道主义方面的资料。还有世界图书出版广东公司学术中心的杨力军主任,为本书的出版付出了辛勤的劳动。在此,一并向他们致谢!

罗　苹

2015 年 7 月于广州水荫直街寓所